本书由
中央高校建设世界一流大学（学科）
和特色发展引导专项资金
资助

中南财经政法大学"双一流"建设文库

中|国|经|济|发|展|系|列

中国证券市场股价同步性波动现象研究

肖浩 著

中国财经出版传媒集团
经济科学出版社
Economic Science Press

图书在版编目（CIP）数据

中国证券市场股价同步性波动现象研究/肖浩著.
—北京：经济科学出版社，2021.12
（中南财经政法大学"双一流"建设文库）
ISBN 978-7-5218-2976-1

Ⅰ.①中…　Ⅱ.①肖…　Ⅲ.①证券市场-股票价格-研究-中国　Ⅳ.①F832.51

中国版本图书馆 CIP 数据核字（2021）第 212782 号

责任编辑：孙丽丽　纪小小
责任校对：蒋子明
版式设计：陈宇琰
责任印制：范　艳

中国证券市场股价同步性波动现象研究
肖　浩　著
经济科学出版社出版、发行　新华书店经销
社址：北京市海淀区阜成路甲 28 号　邮编：100142
总编部电话：010-88191217　发行部电话：010-88191522
网址：www.esp.com.cn
电子邮件：esp@esp.com.cn
天猫网店：经济科学出版社旗舰店
网址：http://jjkxcbs.tmall.com
北京季蜂印刷有限公司印装
787×1092　16 开　11.5 印张　190000 字
2021 年 12 月第 1 版　2021 年 12 月第 1 次印刷
ISBN 978-7-5218-2976-1　定价：48.00 元
(图书出现印装问题，本社负责调换。电话：010-88191510)
(版权所有　侵权必究　打击盗版　举报热线：010-88191661
QQ：2242791300　营销中心电话：010-88191537
电子邮箱：dbts@esp.com.cn)

总　序

"中南财经政法大学'双一流'建设文库"是中南财经政法大学组织出版的系列学术丛书，是学校"双一流"建设的特色项目和重要学术成果的展现。

中南财经政法大学源起于1948年以邓小平为第一书记的中共中央中原局在挺进中原、解放全中国的革命烽烟中创建的中原大学。1953年，以中原大学财经学院、政法学院为基础，荟萃中南地区多所高等院校的财经、政法系科与学术精英，成立中南财经学院和中南政法学院。之后学校历经湖北大学、湖北财经专科学校、湖北财经学院、复建中南政法学院、中南财经大学的发展时期。2000年5月26日，同根同源的中南财经大学与中南政法学院合并组建"中南财经政法大学"，成为一所财经、政法"强强联合"的人文社科类高校。2005年，学校入选国家"211工程"重点建设高校；2011年，学校入选国家"985工程优势学科创新平台"项目重点建设高校；2017年，学校入选世界一流大学和一流学科（简称"双一流"）建设高校。70年来，中南财经政法大学与新中国同呼吸、共命运，奋勇投身于中华民族从自强独立走向民主富强的复兴征程，参与缔造了新中国高等财经、政法教育从创立到繁荣的学科历史。

"板凳要坐十年冷，文章不写一句空"，作为一所传承红色基因的人文社科大学，中南财经政法大学将范文澜和潘梓年等前贤们坚守的马克思主义革命学风和严谨务实的学术品格内化为学术文化基因。学校继承优良学术传统，深入推进师德师风建设，改革完善人才引育机制，营造风清气正的学术氛围，为人才辈出提供良好的学术环境。入选"双一流"建设高校，是党和国家对学校70年办学历史、办学成就和办学特色的充分认可。"中南大"人不忘初心，牢记使命，以立德树人为根本，以"中国特色、世界一流"为核心，坚持内涵发展，"双一流"建设取得显著进步：学科体系不断健全，人才体系初步成型，师资队伍不断壮大，研究水平和创新能力不断提高，现代大学治理体系不断完善，国际交流合作优化升级，综合实力和核心竞争力显著提升，为在 2048 年建校百年时，实现主干学科跻身世界一流学科行列的发展愿景打下了坚实根基。

"当代中国正经历着我国历史上最为广泛而深刻的社会变革，也正在进行着人类历史上最为宏大而独特的实践创新"，"这是一个需要理论而且一定能够产生理论的时代，这是一个需要思想而且一定能够产生思想的时代"①。坚持和发展中国特色社会主义，统筹推进"五位一体"总体布局和协调推进"四个全面"战略布局，实现"两个一百年"奋斗目标、实现中华民族伟大复兴的中国梦，需要构建中国特色哲学社会科学体系。市场经济就是法治经济，法学和经济学是哲学社会科学的重要支撑学科，是新时代构建中国特色哲学社会科学体系的着力点、着重点。法学与经济学交叉融合成为哲学社会科学创新发展的重要动力，也为塑造中国学术自主性提供了重大机遇。学校坚持财经政法融通的办学定位和学科学术发展战略，"双一流"建设以来，以"法与经济学科群"为引领，以构建中国特色法学和经济学学科、学术、话语体系为己任，立足新时代中国特色社会主义伟大实践，发掘中国传统经济思想、法律文化智慧，提炼中国经济发展与法治实践经验，推动马克思主义法学和经济学中国化、现代化、国际化，产出了一批高质量的研究成果，"中南财经政法大学'双一流'建设文库"即为其中部分学术成果的展现。

文库首批遴选、出版二百余册专著，以区域发展、长江经济带、"一带一路"、创新治理、中国经济发展、贸易冲突、全球治理、数字经济、文化传承、生态文明等十个主题系列呈现，通过问题导向、概念共享，探寻中华文明生生不息的内在复杂性与合理性，阐释新时代中国经济、法治成就与自信，展望人类命运共同体构建过程中所呈现的新生态体系，为解决全球经济、法治问题提供创新性思路和方案，进一步促进财经政法融合发展、范式更新。本文库的著者有德高望重的学科开拓者、奠基人，有风华正茂的学术带头人和领军人物，亦有崭露头角的青年一代，老中青学者秉持家国情怀，述学立论、建言献策，彰显"中南大"经世济民的学术底蕴和薪火相传的人才体系。放眼未来、走向世界，我们以习近平新时代中国特色社会主义思想为指导，砥砺前行，凝心聚

---

① 习近平：《在哲学社会科学工作座谈会上的讲话》，2016 年 5 月 17 日。

力推进"双一流"加快建设、特色建设、高质量建设，开创"中南学派"，以中国理论、中国实践引领法学和经济学研究的国际前沿，为世界经济发展、法治建设做出卓越贡献。为此，我们将积极回应社会发展出现的新问题、新趋势，不断推出新的主题系列，以增强文库的开放性和丰富性。

"中南财经政法大学'双一流'建设文库"的出版工作是一个系统工程，它的推进得到相关学院和出版单位的鼎力支持，学者们精益求精、数易其稿，付出极大辛劳。在此，我们向所有作者以及参与编纂工作的同志们致以诚挚的谢意！

因时间所囿，不妥之处还恳请广大读者和同行包涵、指正！

中南财经政法大学校长

前　言

股价同步性是世界各国证券市场发展过程中的一种普遍现象，是近年来公司财务研究的热点和前沿课题。股价同步性波动也是衡量一个国家证券市场运行效率的重要标志。与欧美发达国家相比，中国证券市场股价"同涨同跌"的现象非常严重，这不利于市场的正常运行和资源的合理配置，并对公司的投资决策以及保护投资者的利益产生负面的影响。本书在对国内外关于股价同步性问题研究情况及发展进行梳理的基础上，立足于中国的制度环境，分别从市场环境、公司治理、信息传导机制三个方面，探索影响中国证券市场股价同步性波动的因素及其作用机理。本书主要采用实证研究的方法，为避免2006年财政部新修订的企业会计准则对财务变量的影响，以及2008年全球金融危机对股价同步性的系统性影响，进而导致研究结果产生较大偏误，本书在研究设计时选择将2006年之前或2008年之后的时间段分别作为样本区间。其中，金融危机前的样本区间采用2003年作为起始年度，为保持样本区间的对称性，将金融危机后样本区间的截止年度设定为2013年。

本书证明了我国市场存在有限套利，并研究了限制市场套利的因素对股价同步性波动的影响。在我国，现金股利已成为控股股东隧道挖掘的工具，其可以增加套利者的持有成本，并与交易成本和投资者成熟度一起形成制约套利者套利能力的重要因素。因此本书选取现金股利、交易成本以及投资者成熟度作为有限套利程度的直接度量，并以我国上海证券交易所和深圳证券交易所（以下简称"沪深两市"）的上市公司为样本进行实证检验。实证结果表明，无论是现金股利还是交易成本都对股价同步性有着显著的正向影响，而投资者成熟度则与股价同步性显著负相关。这说明，市场对套利的限制越严重，股价波动的同步性趋势就越强，资本市场的运行效率也越低。

本书研究了我国产品市场竞争、董事会治理与股价同步性的关系，并检验了由两种治理机制所产生的交互作用对股价同步性的影响。本书以我国制造业上市公司为研究样本，实证检验结果发现，激烈的产品市场竞争对抑制公司股价同步性波动具有积极的作用；整体上，董事会治理显著降低了公司股价同步性波动频率。其中，两职兼任的领导结构有助于减少股价同步性波动；此外，董事会规模越小、会议次数越多，公司治理就越有效率，从而股价同步性越低；独立董事则未能对股价同步性波动起到显著的治理作用，这可能与我国的独立董事制度尚不完善有关。进一步的结果表明，董事会治理在产品竞争越激烈的环境中越能发挥其正面作用，减少股价同步性波动，即产品市场竞争和董事会治理之间存在一种互补关系。以上结果表明，公司内外部治理机制是影响股价同步性的重要因素。

本书构建了一个EKOP模型，测算出我国股票信息性交易的概率，证明了知情交易行为是影响股价同步性波动的重要原因。本书以深圳证券交易所的上市公司为研究样本，并采用CCER高频分笔交易数据进行分析。实证检验结果表明：信息性交易概率（PIN）对股价同步性有着显著的负向影响，PIN越大，股价同步性越低。而且，无论是好消息还是坏消息所对应的信息性交易概率，都与股价同步性显著负相关。进一步地，将PIN分解为市场信息性交易概率和个股信息性交易概率，检验结果显示，个股信息性交易概率越大，股价同步性波动越小；相反，市场信息性交易概率越大，股价同步性波动越大。以上研究结论，为股价同步性的信息论观点提供了有利的实证支持。

本书利用我国创业板上市公司的数据，从新闻媒体和证券分析师两类信息中介的视角，考察外部信息环境对公司股价同步性的影响。研究发现，媒体报道和分析师行为均与股价同步性波动显著负相关，表明随着外部信息环境的改善，更多公司特质信息将融入股票价格中，减少股价同步性波动。进而，由于搜寻和传播的信息存在重叠，媒体报道与分析师行为之间还存在某种替代效应，即一方活动的加强将挤占或削弱另一方减少股价同步性波动的积极作用。研究结论也支持股价同步性能够度量股价特质信息含量或是资本市场效率的论断。

  本书的研究有益于理解和掌握影响我国证券市场股价同步性波动的因素及其作用机理，为判定股价同步性的经济内涵及其他相关研究的展开提供实证依据，同时，也为证券监管机构如何采取有效措施减少股价同步性波动进而提高市场运行效率提供理论支持和行动参考。

目 录

第一章　导论
第一节　问题的提出　2
第二节　研究的目的和意义　7
第三节　研究的框架和内容　9
第四节　创新点　12

第二章　文献综述
第一节　股价同步性的经济含义　16
第二节　股价同步性的经济后果　21
第三节　股价同步性的影响因素　26
第四节　本章小结　45

第三章　中国证券市场和上市公司相关制度背景
第一节　我国证券市场的制度背景　48
第二节　我国上市公司的内外部治理机制　57
第三节　我国证券市场投资者的发展及特征　64
第四节　我国的现金股利政策　70
第五节　本章小结　73

第四章　有限套利与股价同步性的实证研究
第一节　问题的提出　76
第二节　数学模型与理论分析　78
第三节　研究设计　85
第四节　实证结果与分析　89

第五节　本章小结　97

第五章　产品市场竞争、董事会治理与股价同步性的实证研究

第一节　问题的提出　100
第二节　理论分析　101
第三节　研究设计　104
第四节　实证结果与分析　107
第五节　本章小结　113

第六章　信息性交易概率与股价同步性的实证研究

第一节　问题的提出　116
第二节　理论分析与研究假设　118
第三节　EKOP 模型　122
第四节　研究设计　126
第五节　实证结果与分析　130
第六节　本章小结　137

第七章　媒体报道、分析师行为与股价同步性的实证研究

第一节　问题的提出　140
第二节　理论分析与研究假设　141
第三节　研究设计　145
第四节　实证结果与分析　148
第五节　本章小结　153

第八章　结论与展望

第一节　研究结论　156
第二节　研究展望　157

参考文献　160

第一章
导　论

第一节　问题的提出

股价同步性（stock price synchronicity）是指单个公司股票价格的变动与市场平均价格变动之间的关联性，即通常所说的股票价格的"同涨同跌"现象。通常来说，股价同步性越高，意味着股票价格越少地反映了公司的特质信息，而更多地受到市场系统性因素的影响。国内外研究一般将资本资产定价模型（CAPM）的拟合系数 R^2 作为衡量股价同步性的指标，根据统计学原理，R^2 的经济意义可以理解为公司股票价格的变动被市场波动所解释的部分。

国外文献对于股价同步性的研究，最早可以追溯到罗尔（Roll，1988）的开创性研究。罗尔（1988）在研究美国市场上系统性因素对股票价格的影响时，意外地发现 CAPM 模型对股票收益率的平均解释力其实十分有限，如果采用日收益数据进行计算，CAPM 模型的 R^2 仅为 0.20，而用月度数据计算出的 R^2 也只有 0.35，因此股价的波动仅有较小的部分可以为系统性因素和行业性影响所解释。罗尔（1988）认为，模型解释力的下降是由公司私有信息融入股价而引起的，由于公司特质信息被股价所吸收会引起股价波动性地增加，而特质收益率更大的波动将导致较低的 R^2。同时，罗尔（1988）也提出了第二种可能的解释，即与具体信息无关的偶发的狂热因素也会引起个股特质波动性地增加。罗尔（1988）的研究也最早将 R^2 与股价信息含量联系在一起。

此后，国外关于股价同步性的研究主要集中在两个问题上。问题一是股价"同涨同跌"现象所产生的经济后果。沃格勒（Wurgler，2000）对 65 个国家股票市场的比较研究表明，股票市场的同步性越高，股价中所包含的公司特质信息越少，价格的信号机制作用被弱化，资本市场的资源配置效率降低，反之反是。杜尔涅夫、默克和杨（Durnev，Morck and Yeung，2004）研究发现，股价同步性较低的行业资本预算效率较高，因为股价中的私有信息有助于提高投资效率。德丰和黄（DeFond and Huang，2004）发现，在投资者法律保护执行力度较强的国家，股价波动同步性越低，高管因公司业绩下降而被更换的可能性越大。

陈、戈德斯坦和姜（Chen，Goldstein and Jiang，2005）实证检验表明，股价同步性的提高将降低公司投资决策对股票价格变化的敏感程度。

问题二是各国证券市场股价同步性波动产生的原因或影响因素。默克、杨和于（Morck，Yeung and Yu，2000）对40个国家或地区的研究表明，发展中国家的股价同步性程度要高于发达国家；他们认为各国法律体系对产权保护程度的不同是决定股价同步性产生较大差异的原因。吉恩和迈尔斯（Jin and Myers，2006）对股价同步性提出了新的解释，认为各国公司信息透明度的不同是导致各国股价同步性波动不同的原因。不同于起初的跨国研究，后续的研究将视角转入对单一国家的研究上，从公司微观的层面研究股价同步性的成因。皮奥特洛斯基和罗尔斯登（Piotroski and Roulstone，2004）研究发现，内部人、机构投资者以及分析师这些知情人的参与不同程度地影响了股价的特质信息含量，股价同步性与分析师预测行为正相关，而与机构投资者和内部人的交易活动负相关。陈和哈米德（Chan and Hameed，2006）发现，在新兴市场中，分析师关注度的增加会引起公司股价同步性波动频率的上升。赫顿、马库斯和德拉尼安（Hutton，Marcus and Tehranian，2009）采用盈余管理度量信息不透明度，发现信息不透明度越高，股价波动的同步性趋势越强。古尔、金和丘（Gul，Kim and Qiu，2010）研究表明，第一大股东持股比例与股票价格的信息含量存在显著的非线性关系，当持股比例接近50%时，股价同步性波动达到最高点；另外，境外投资者持股和审计质量与股价同步性负相关。

现有对股价同步性的研究主要以欧美发达的成熟资本市场为主，针对发展中国家特别是新兴市场国家的研究较为缺少。在新兴市场中，由于证券市场发展的历史尚短，投资者产权保护机制并不健全，市场发育尚不完善，股价同步性波动问题尤为严重，因而与股价同步性相关的研究就显得特别有意义。由于在制度背景等诸多方面存在明显的差异，基于欧美发达国家的研究结论并不适宜直接移植到新兴市场国家中来，因而需要有针对性地进行研究。中国资本市场是一个典型的新兴市场，发展历程短，保护投资者的相关法律和司法体系还在逐步完善，上市公司股权高度集中且主要由政府控制，投资者结构以个体投资者占主导地位，投资理念及投资心理并不成熟，市场投机气氛浓厚，内幕交易、市场操纵、会计舞弊等违规现象时有发生。此外，无论是证券市场的整体框架设计，还是具体交易制度的制定，政府都扮演着主导性的角色；对于股票价格的涨跌，政府有着举足轻重的影响，政策性因素也是引起股市异常波动的主要原因。因此，中国证券市场具有自身独有的特征，对于股价同步性波动的研究必须从具体的制度背景出发。

默克等（2000）、吉恩和迈尔斯（2006）比较了40个国家或地区股价同步性波动的情况，发现中国的股价同步性波动程度分别位居第2位和第1位。表1-1对1992~2001年世界各主要资本市场上的股价同步性波动的大致情况进行了汇总，表中数据显示，发达成熟资本市场（如加拿大、法国、英国）的股价同步性要远远低于新兴资本市场（如中国、马来西亚），中国的股价同步性则是最高的。这意味着，我国证券市场股价"同涨同跌"现象非常严重，中国资本市场的运行效率可能比其他国家更低。因此，开展我国证券市场股价同步性波动的研究具有重要的理论意义和现实紧迫性。

表1-1　　　　世界40个国家或地区资本市场的股价同步性

国家或地区	时间区间	年度数	R^2	国家或地区	时间区间	年度数	R^2
阿根廷	1994~2001年	8	0.34	墨西哥		12	0.31
澳大利亚		12	0.25	马来西亚		12	0.37
德国		12	0.32	荷兰		12	0.29
比利时		12	0.29	挪威		12	0.27
哥伦比亚	1992~2001年	10	0.25	新西兰		12	0.27
中国大陆	1994~2001年	8	0.47	奥地利		12	0.29
智利		12	0.27	秘鲁	1994~2001年	8	0.27
加拿大		12	0.24	菲律宾		12	0.29
捷克	1994~2001年	8	0.27	波兰	1994~2001年	8	0.36
丹麦		12	0.24	葡萄牙		12	0.25
西班牙		12	0.34	俄罗斯	1995~2001年	7	0.25
芬兰		12	0.29	南非		12	0.27
法国		12	0.27	瑞典		12	0.29
中国香港		12	0.32	新加坡		12	0.34
匈牙利	1992~2001年	10	0.34	瑞士		12	0.30
印度		12	0.36	中国台湾	1999~2001年	3	0.33
爱尔兰		12	0.26	泰国		12	0.29

续表

国家或地区	时间区间	年度数	R^2	国家或地区	时间区间	年度数	R^2
日本		12	0.33	土耳其		12	0.42
韩国		12	0.33	英国		12	0.27
卢森堡	1992~2001年	10	0.26	委内瑞拉		12	0.41

资料来源：Jin and Myers. R^2 Around the World: New Theory and New Tests. *Journal of Financial Economics*, 2016, 79: 257-292.

本书主要解决问题二，且限定于国家内部而非跨国范围以及公司层面，即研究中国证券市场股价同步性波动的影响因素及其作用机理。本书立足于中国的制度背景和公司治理环境，分别从市场环境、公司治理、信息传导等视角深入研究股价波动性的成因，具体而言：

（1）在行为金融学的理论框架下，研究中国证券市场的有限套利对股价同步性波动所产生的影响。理论上，套利是一种基于私有信息的活动，套利者的套利活动有助于股票价格对公司特质信息的吸收，削弱股价波动"同涨同跌"的现象。不少学者的实证研究发现，中国股市存在明显的异常收益现象，这说明市场存在较严重的定价偏误。如果市场套利者的套利能力无限，定价偏误的现象不应该持续性存在，因此合理的解释是中国证券市场存在有限套利。而有限套利的背后也许对应了更高的风险、套利成本或者不同的投资者。国外研究认为，现金股利能够减少套利者的持有成本，促进套利活动。但是，由于中国的股权分置制度，现金股利实际上已成为非流通的控股股东掠夺中小流通股股东的工具，从而增加套利者的套利风险，阻碍套利活动。此外，在中国证券市场上，中小投资者在数量上占据了绝大多数，他们的投资技巧相对匮乏，信息获取渠道有限，投资理念不是很成熟，其噪声交易行为会引起与公司基本价值无关的股价波动。由此，现金股利、交易成本以及投资者成熟度等因素极有可能对中国证券市场的股价波动性产生显著的影响。

（2）基于委托代理理论，研究产品市场竞争、董事会治理机制如何影响中国证券市场的股价同步性。目前，中国的公司治理水平与发达的市场经济国家相比还存在相当大的差距。上市公司特殊的股权结构、资本市场发育不完全、地方政府非理性行为等问题交织在一起，导致公司治理结构问题异常复杂并严重影响到上市公司信息披露的质量以及对外部投资者利益的保护，这说明，严重的代理问题可能是导致中国证券市场股价过度同步性波动的原因之一。默克等（2000）研究发现，国家司法体系对投资者产权的保护程度，会影响投资者对有关公司价值信息的理解能力，进而影响股票价格的同步性。李增泉（2005）对中国的研究证实，无论是所有权集中度还是所有权性质都对股价的同步性具有显著的影响。事实上，除投资者法律保护与所有权结构这两个关键的治理因素之外，产品市场竞争也是一种重要的公司外部治理机制，而董事会则是公司内部治理的核心，那么它们是否也会对公司股价的同步性产生重要的影响？从现有文献来看，尚未有研究分析中国证券市场上产品市场竞争和董事会治理与股价同步性的关系，也未对产品市场竞争和董事会治理对股价同步性的交互作用进行研究，所以，这是本书需要研究的问题。

（3）基于知情交易假说，研究中国证券市场的知情交易行为对股价同步性的影响，并对股价同步性的经济含义进行实证检验。近年来，有一批学者对股价同步性的信息论观点提出质疑，认为噪声、泡沫、狂热等与公司基本面无关的投资者非理性行为导致了股价的"同涨同跌"，即支持罗尔（1988）提出的第二种解释。其中，韦斯特（West，1988）用数学模型证明，噪声交易产生的泡沫可以导致股价波动率的上升。巴伯瑞斯、施莱弗和沃格勒（Barberis, Shleifer and Wurgler，2005）基于行为金融学的研究发现，大量投资者对某一类公司的特殊偏好所产生的非理性交易行为会导致此类公司股价同步性波动水平的变动。库马尔和李（Kumar and Lee，2006）对个人投资者行为的研究，也证明噪声交易对股价同步性产生了显著的影响。而现有中国证券市场股价同步性的研究，尚未对股价同步性的经济含义进行严格的检验。依据格罗斯曼和斯蒂格利茨（Grossman and Stightz，1980）提出的信息经济学理论，如果投资者利用获得的公司特质信息进行知情交易，这部分私有信息就会反映在股票价格中，股价中的信息含量就会越高。因此，研究知情交易行为与股价同步性之间的关系问题，不仅有利于深入理解和掌握中国证券市场股价同步性波动的生成机理，还可以甄别中国证券市场股价同步性指标所代表的经济学含义。

（4）基于信息观假说，探究新闻媒体和证券分析师作为信息中介和公司外部信息环境的重要组成能否以及如何影响公司的股价同步性波动水平。由于媒体兼具信息传播和监督治理作用，能够改善对投资者的法律保护，而证券分析师则通过股票推荐、盈余预测等活动能够显性或隐性地对外传播信息，进而影响投资者的交易行为，因此，两者的行为都可能最终影响公司的股价同步性波动水平。但与媒体主要传播公司层面信息不同，分析师还充分挖掘市场和行业层面的信息，而基于已有研究，不同类型信息的相对多少将最终决定股价同步性的高低。因此，实证研究媒体报道和分析师行为是否对公司股价同步性产生实质性的以及同向的影响，有利于厘清股价同步性与信息环境的真实关系。此外，媒体和分析师针对相同目标公司所获得的特质性信息很可能产生重叠。由于股价通常只对首次披露的新信息有较显著的反应，而对重复性的旧信息反应较弱，因此，基于信息挤占的角度，媒体和分析师对股价同步性波动的影响还可能存在某种交叉效应。

第二节　研究的目的和意义

本书的研究目的为：一是通过分析影响我国股价同步性的因素及其生成机理，探明我国证券市场上严重的股价"同涨同跌"现象产生的原因；二是从理论和实证两方面揭示出我国股价同步性所代表的经济含义，为理论界关于股价同步性经济含义的争论提供新的理论解释和实证依据；三是增进对股价同步性与资本市场运行效率之间关系的理解和认识，为证券监管机构采取有效措施降低股价同步性波动进而提高资本市场效率提供科学依据和理论借鉴。

具体来说，本书的研究意义主要表现在以下四个方面：

（1）从理论研究上，深入分析了影响我国股价同步性波动的因素和内在机理，不仅拓展和延伸了现有对股价同步性的研究，同时也推动了其他的理论研究。首先，将已有的一些对股价同步性的研究统一到有限套利的框架之下，揭示出市场套利局限与股价同步性波动之间的内在联系，寻找影响股价同步性波动的新的因素，从而丰富了对我国行为金融理论的研究。其次，分析产品市场竞争、董事会治理对股价同步性的影响，推进了对我国公司治理理论的研究。从现有文献看，跨国研究表明，投资者法律保护是影响各国股价同步性产生差异的根本原因，而关于我国的研究只是从所有权结构、外部审计等方面作了更进一步的探讨，但是缺乏对产品市场竞争、董事会等治理机制的研究，本书的研究填补了这个空白。再次，从市场微观结构的新视角去分析知情交易行为对股价同步性的影响，成为连接微观结构理论和公司财务理论研究的一座桥梁，这也是对已有的研究方法的一个创新。继而沿袭知情交易的信息视角，从外部信息环境出发，考察媒体和证券分析师作为制造和传播信息的重要中介机构，在影响交易者行为和股价同步性方面所起到的作用，为信息论观点提供中国证据。最后，用实证的方法解决了对股价同步性经济含义的争论，验证了在我国股价同步性能够度量股价中的公司特质信息含量，支持股价同步性的信息含义，这就为后续的研究提供了理论支持。

（2）从股价同步性对经济运行效率的影响来看，沃格勒（2000）发现，股价的"同涨同跌"使价格不能很好地反映公司基本面的信息，从而会破坏价格的信号机制作用，降低市场资源配置的效率。杜尔涅夫等（2004）发现，高信息含量的股票价格能够引导公司治理更好地发挥作用，促进公司高效率的投资决策，因而股价同步性波动越小的公司，其投资效率越高。实证研究表明，中国市场股价波动的同步性现象非常严重。从以上研究可以看出，深入分析我国股价同步性波动的影响因素及其内在机理，研究如何有效抑制股价波动的"同涨同跌"现象，对于提高我国资本市场的运行效率，加速经济增长具有特别重要的意义。

（3）从上市公司的角度来看，认识公司治理与股价同步性波动之间的关系，有助于公司改善治理结构，提高治理水平，加强信息披露，增加价格中的公司特质信息含量。一方面，有利于提高市场对公司基本价值的判断能力，使业绩较好的公司吸引更多的外部投资者，减少融资成本；另一方面，有利于公司进行高效率的资本投资决策，提高企业经营业绩和市场价值。

（4）从监管的角度来看，深入认识股价同步性与资本市场效率的关系，揭示不完善的制度设置对股价同步性的影响，有助于监管机构逐步推进我国证券市场的制度建设，加强法律保障和执法力度，保护中小投资者的利益，增加公司信息透明度，促进资本市场的高效运作。同时，支持监管机构适当引导新闻媒体发挥信息传播和监督作用，并完善对证券分析师的约束与激励机制。此外，认识到股价同步性波动中所蕴含的非理性情绪和噪声交易者风险，也有利于投资者选择合适的投资策略，取得合理的投资回报。

第三节 研究的框架和内容

基于我国转型经济时期特定的制度背景,在对国内外有关股价同步性问题的研究成果进行系统回顾和整理的基础上,本书选取中国证券市场股价同步性波动现象的成因与影响因素作为研究主题。本书采用规范与实证相结合的研究方法,以行为金融理论、委托代理理论、知情交易假说以及有效市场假说为理论依据,分别以有限套利、内外部治理、信息性交易以及市场信息中介作为研究的切入点,运用 OLS 模型以及 EKOP 模型等实证方法对研究假设进行严格检验,最后得到研究结论并提出研究展望。本书的研究框架如图 1-1 所示。

本书的内容安排如下。

第一章为导论。本章主要是对本书的主要内容进行一个简要的介绍,具体包括研究的背景、研究的目的和意义、研究的框架、主要内容以及创新点。

第二章为文献综述。本章主要从以下三个方面对国内外的研究进行综述:首先是对股价同步性的经济含义以及度量方式的相关文献进行综述;其次是关于股价同步性经济后果的文献综述;最后是对股价同步性的影响因素的国内外相关研究进行综述。

第三章介绍了中国证券市场和上市公司的相关制度背景。首先,对中国证券市场从 20 世纪 70 年代末开始至今 40 多年的发展进程展开了历史回顾,并对证券市场的当前状况进行了总结。其次,对上市公司的内外部治理机制进行了深入的分析,重点阐述了内部治理机制中的董事会治理和外部治理机制中的产品市场竞争。再次,对市场中的投资者发展及特征进行了分类阐述,包括对个体投资者和机构投资者的归纳。最后,对中国现金股利的相关政策规定以及现实状况进行了介绍。

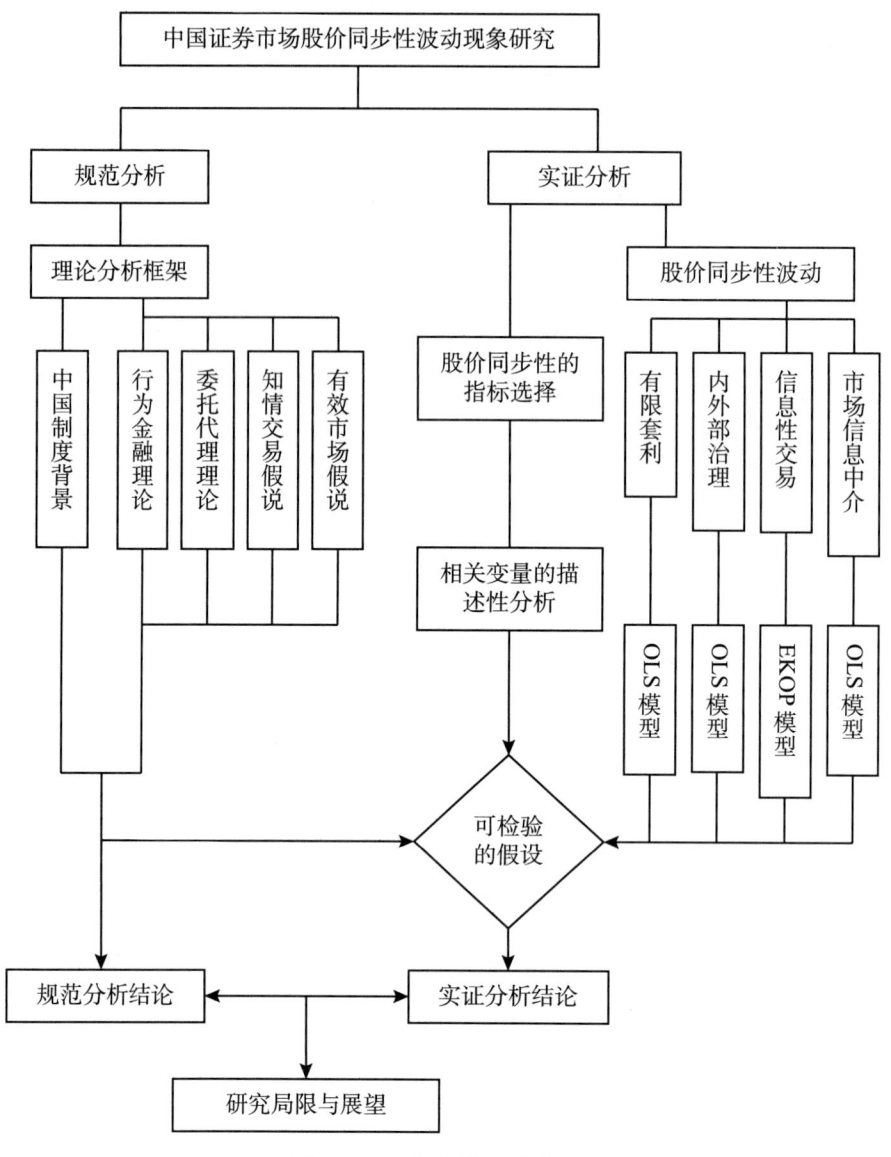

```
                    中国证券市场股价同步性波动现象研究
                              │
              ┌───────────────┴───────────────┐
          规范分析                          实证分析
              │                               │
         理论分析框架                     股价同步性波动
    ┌────┬────┼────┬────┐          ┌────┬────┼────┬────┐
   中国  行为  委托  知情  有效    股价同步性的  有限  内外部  信息性  市场信息
   制度  金融  代理  交易  市场     指标选择    套利   治理   交易    中介
   背景  理论  理论  假说  假说           │      │     │      │       │
                                    相关变量的  OLS   OLS   EKOP    OLS
                                    描述性分析  模型  模型   模型    模型
                                          │      │     │      │       │
                                          └──────┴──┬──┴──────┴───────┘
                                                 可检验
                                                 的假设
              ┌───────────────┬───────────────┘
         规范分析结论 ←──→ 实证分析结论
                      │
                 研究局限与展望
```

图 1-1 本书的研究框架

第四章为有限套利与股价同步性的实证研究。本章分别以现金股利、交易成本和投资者成熟度作为有限套利的潜在因素,同时从套利成本和套利能力的角度考察对股价同步性的影响。主要检验中国的现金股利是否与国外研究不同,成为控股股东隧道挖掘的工具,增加而非减少套利者的持有成本;继而采用以金额表示的交易量作为套利成本的间接代理,以机构投资者的交易量和数量作为中国证券市场投资者成熟度的度量,实证检验它们对股价同步性所产生的实质性影响。在单变量检验和多元分析的基础上，本章最后对实证结果进行稳健性检验。

第五章为产品市场竞争、董事会治理与股价同步性的实证研究。本章基于内外部公司治理的角度对产品市场竞争与董事会治理这两类治理机制对股价同步性的影响进行理论分析。采用垄断租金作为产品市场竞争程度的反向度量，并将董事会的规模、独立性、结构和会议次数四个指标作为董事会治理机制的替代变量，构建基本的 OLS 回归模型进行实证设计。主要检验产品市场竞争对股价同步性的影响、董事会四类特征对股价同步性的影响，以及产品市场竞争与董事会治理对股价同步性影响的交互效应。

第六章为信息性交易概率与股价同步性的实证研究。本章采用信息性交易概率作为知情交易的直接度量，既将消息分为好消息和坏消息，也将信息细分为市场信息和个股信息，以区分不同类型信息对股价同步性波动的差异性影响。基于高频数据构建 EKOP 模型，进而计算出综合的信息性交易概率，再经过模型分解为市场信息性交易概率和个股信息性交易概率。主要检验好消息和坏消息对股价同步性波动的影响，以及基于市场信息和个股信息的不同类型的知情交易对股价同步性波动的差异性影响。最后，归纳并支持关于 R^2 经济含义的信息论观点，也总结了研究的局限。

第七章为媒体报道和证券分析师行为影响股价同步性的实证研究。本章从理论上分析出媒体报道影响股价同步性的三种可能途径，并将分析师搜寻、传播的信息区分为宏观、中观和微观三种类别予以讨论，再通过实证设计及分析调节现有研究关于分析师结论的矛盾。进一步地，从实证检验的角度辨析出新闻媒体和证券分析师之间是否还存在对股价同步性的某种替代或互补作用。本章构建基本的 OLS 回归模型，检验媒体报道与分析师行为对上市公司股价同步性的影响，并在基本实证结果的基础上，通过控制系统性风险以及采用二阶段回归缓解内生性问题，以增加研究结论的稳健性。

第八章为研究结论与展望。本章将总结全书的主要结论，指出本书研究存在的局限，指明未来可能的研究方向。

第四节 创 新 点

相比于以往的研究，本书的创新主要体现在以下四个方面：

（1）基于行为金融理论，论证了中国证券市场的有限套利是产生股价同步性的重要原因，提出限制市场套利的因素也可能成为影响股价同步性的原因。国外研究发现，现金股利是控制代理成本的一种手段；庞迪夫（Pontiff，1996）认为，现金股利可以减少持有成本，进而提高套利者的套利能力。但是在中国，由于股权结构和股权分置制度，现金股利变成控股股东隧道挖掘的工具，反而增加了代理成本。本书提出我国现金股利的支付增加了套利者的持有成本，降低了套利者的套利能力。另外，国外研究认为交易成本和投资者成熟度也会影响市场的套利活动，本书则拓展和延伸了这些研究，证明交易成本、投资者成熟度与现金股利均是影响我国证券市场股价同步性的重要因素。

（2）基于委托代理理论，将公司治理理论和中国证券市场的价格形成机制结合起来，证明我国产品市场竞争和董事会治理是影响股价同步性的重要因素，而内外部治理机制的交互作用也对股价同步性产生了显著的影响。现有对股价同步性的跨国比较研究主要认为投资者法律保护是导致各国股价波动同步性波动不同的原因，而对公司微观层面的分析只是发现公司的所有权结构对股价同步性会产生显著的影响，本书不仅将公司治理与股价同步性的研究拓展到产品市场竞争和董事会特征等治理因素上，还提出内外部治理机制的交互作用也会对股价同步性产生显著的影响。本书的研究对公司治理和股价同步性之间的关系作了更为全面的剖析，指出通过改善公司治理结构来减少股价同步性波动是行之有效的办法。

（3）基于知情交易假说，证明了知情交易通过增加股价中的公司特质信息含量，降低了股价同步性。本书从市场微观结构的全新视角探索股价同步性的经济含义，采用信息性交易概率作为知情交易的直接度量，建立 EKOP 模型计算出我国股票的信息性交易概率，证明信息性交易概率对股价同步性有着显著的负向影响。进而，本书将信息性交易概率分解为市场信息性交易概率和个股信息性交易概率，证明了个股信息性交易有助于降低股价同步性，相反，基于市场层面信息的知情交易则增加了股价波动的同步性。研究证明，公司层面的信息与宏观层面的信息对股价同步性有着截然相反的影响。本书的研究为股价同步性的信息论观点提供了有力的实证支持。

（4）基于有效市场假说，探索性地研究了外部信息环境对公司股价同步性的影响，并以新闻媒体和证券分析师为例，验证了信息中介也是影响我国创业板上市公司股价同步性的重要因素。与媒体作用的一致性论断不同，现有研究对分析师行为与股价同步性的关系还存在分歧，本书从已有的分析师处理市场宏观、行业中观、公司特质三类信息的理论观点出发，并通过具体分析和实证研究设计为解决现有分歧提供有价值的证据。进而，指出不同类型的信息中介对于相同目标公司的信息收集和处理行为可能存在重叠现象，也通过实证研究证明媒体报道与分析师行为之间存在某种替代效应，即一方活动的加强将挤占或削弱另一方减少股价同步性波动的积极作用。本研究为股价同步性的信息论观点进一步提供了有力的证据支持。

第二章
文献综述

股票价格同步性波动问题是自21世纪以来经济学和财务学最活跃的研究领域之一。从股价同步性问题研究的发展历程来看，早期的研究主要着重于比较分析各国证券市场股价同步性波动程度的差异及其原因。研究发现，发展中国家的股价同步性程度要高于发达国家；特别是，在世界40个主要经济体中，中国证券市场市场价格波动的同步性仅次于波兰，位居第二（Morck，Yeung and Yu，2000）。近年来，许多文献开始从一个国家公司治理的层面来研究股价同步性波动产生的内在原因（Piotroski and Roulstone，2004；Barberis，Shleifer and Wurgler，2005；Chan and Hameed，2006；Gul，Kim and Qiu，2010）。目前这方面的研究正在不断出现。本章首先简要地介绍股价同步性的概念、度量方法以及它所代表的经济含义，然后对国内外关于股价同步性经济后果的研究进行归纳，最后对影响证券市场股价同步性波动的相关因素及其作用机制的研究进行综述。

第一节　股价同步性的经济含义

一、股价同步性的概念与度量

股价同步性，是指单个公司股票价格的变动与市场平均价格变动之间的关联性，即通常所说的股票价格的"同涨同跌"现象。股价同步性的概念最早由默克等（2000）提出，这一现象的出现意味着股票的价格偏离了公司的基础价值，破坏了公司信号的传递机制，弱化了证券市场通过价格来进行资源配置的效率。

现有的国内外研究通常将资本资产定价模型的拟合系数 R^2 作为衡量股价同步性的指标：

$$r_{i,t} = \alpha_i + \beta_i r_{m,t} + e_{i,t} \tag{2.1}$$

其中，$r_{i,t}$和$r_{m,t}$分别为研究期间内第 t 个交易日的公司收益率与市场收益率（市场收益率分别用沪市和深市的综合指数收益率表示），$e_{i,t}$表示残差，它捕捉了市场信息无法解释的收益率，反映公司股票收益的特质性部分。定义每个年度的研究期间为该年度第一个交易日至最后一个交易日。

根据统计学原理，R^2的经济含义可以理解为股票价格的变动被市场波动所解释的部分。因此，R^2越大，表示公司股票价格与市场的同步性程度越高。由于R^2的取值区间为（0,1），不符合最小二乘法的要求，因此在进行回归分析时，我们对R^2进行如下的对数转换：

$$RSQ_i = \log\left(\frac{R_i^2}{1 - R_i^2}\right) \qquad (2.2)$$

需要指明的是，也有部分文献（Rajgopal and Venkatachalam, 2011）采用股价特质性波动度量股价同步性，股价特质性波动程度越大，说明股价中的特质信息含量越高，股价同步性波动越小。但采用市场收益模型计算的R^2和股价特质性波动σ_e^2分别衡量股价同步性时，研究结论可能存在差异。李等（Li et al., 2014）认为采用σ_e^2、R^2分别度量股价同步性时得出不同结论的原因是虽然盈余质量与系统性风险存在一定的相关性，但R^2中既包含了特质性风险，也包含了系统性风险。因此，未来研究者在计算股价同步性时应控制系统性波动的影响，特别是在使用R^2度量股价同步性时，建议在稳健性检验中使用替代的衡量指标来区分股票收益中的特质信息含量与噪声信息，以增强研究结论的可靠性。

二、股价同步性的两类经济含义

目前关于股价同步性所代表的经济含义学术界还存在争议，主要有两大观点：以默克等（2000）为代表的信息论观点和以韦斯特（1988）为代表的噪声论观点。

（一）信息论观点

信息论观点认为，股价同步性波动的大小反映了公司特质信息或私有信息融入股价的程度，R^2越高，股价中包含的特质性信息越少，股价同步性波动越大。由于股价反映信息的能力也是衡量一个国家证券市场运行效率的重要标志，因此股价同步性也被作为度量资本市场效率的指标。

罗尔（1988）最早将统计量 R^2 与公司特质信息联系在一起。罗尔（1988）运用资本资产定价模型研究在美国市场中系统性因素对股票价格的影响，却意外地发现 CAPM 模型对股票收益率的平均解释力其实十分有限，股价的波动仅有较小的部分可以为系统性因素和行业性影响所解释。罗尔（1988）认为，模型解释力的下降是由公司私有信息融入股价引起的。公司特质信息被股价所吸收会引起股价波动性地增加，而特质收益率更大的波动将导致较低的 R^2。

默克等（2000）正式将 R^2 作为股价同步性的度量，R^2 越小，个股与市场同步性程度越低，股价中包含的公司特质信息就越多。其跨国研究发现，发展中国家的股价同步性波动程度要大于发达国家，而各国法律体系对产权保护程度的不同则是决定股价同步性波动产生较大差异的原因。较弱的产权保护环境，增加了投资者信息搜索的成本，阻碍了套利者基于私人信息的交易行为，降低了股价中的公司特质信息含量。杜尔涅夫等（2003）研究发现，股价同步性波动较小的公司当前收益率与未来盈利的相关性更强，表明更多的未来盈利信息反映到现价之中，证明股价波动同步性反映的是私有信息而非噪声。

此外，其他研究也接受或实证支持了信息论的观点。杜尔涅夫等（2004）研究发现，股价同步性波动较小的公司投资效率较高，因为高信息含量的股价能够引导公司治理机制更好地发挥作用。德丰和黄（2004）发现，在股价同步性较低的国家，股票收益与 CEO 变更之间的关系更显著，因为股价同步性越低，股价中所包含的有关公司业绩的私有信息越多，其对 CEO 变更的影响越大。吉恩和迈尔斯（2006）证实了默克等（2000）的结论，并且发现国家层面 R^2 随着时间推移逐步下降，同时由于信息不透明度较高，R^2 较高的国家市场更常发生崩溃。赫顿、马库斯和德拉尼安等（2009）从公司微观层面观察信息透明度与股票收益率波动之间的关系。研究发现，信息不透明度越高，股价同步性波动越大，表明较少的公司特质信息为股价所反映。古尔等（2010）也证明了股价同步性越高的公司，股价中包含的盈余信息越多。

而对我国证券市场股价同步性的研究也基本接受或证明了信息论的观点。李增泉（2005）认为，所有权结构的不同安排会对控股股东剥削其他股东的行为产生影响，而控股股东的剥削行为则是影响股票价格信息含量的重要因素。实证结果表明,无论是所有权集中度还是所有权性质都对股票价格的同步性波动具有显著的影响。游家兴等(2007)研究发现,伴随制度建设的逐步推进和不断完善,股价波动的同步性趋向减弱。投资者法律保护机制的加强和公司信息透明度的提高,使股票价格所反映的公司特质信息越来越丰富,从而有效抑制了股价波动的"同涨同跌"现象。朱红军等(2007)研究表明,中国证券市场上分析师的信息搜寻活动能够提高股价信息含量,减少股价同步性波动。金智(2010)采用私有信息交易的基本理论,验证了信息质量的高低如何影响股价同步性,并考察了新会计准则变革对两者相关关系的影响。肖浩和夏新平(2011)则采用现金股利、交易成本及投资者成熟度作为有限套利的代理变量,研究了其对我国股价同步性产生的影响,其中现金股利和交易成本是从外界影响的角度,探讨股价波动驱动者的行为限制对股价同步性产生的影响,又通过验证成熟的机构投资者能减少股价同步性波动支持了"信息效率观"。

(二) 噪声论观点

信息论观点认为,股价同步性反映的是股票收益中的噪声、泡沫、狂热等与公司基本因素无关的投资者非理性行为。

罗尔(1988)提出的第二种解释认为,恐慌或乐观情绪等引起的投资者非理性的噪声交易也会导致股价波动性地上涨。韦斯特(1988)用数学模型证明噪声交易产生的泡沫可以导致股价波动率的上升,实证研究也表明过高的股价波动性难以被股利等基本面因素充分解释。德隆等(De Long et al., 1989;1990)认为,噪声交易者的信仰会创造出一种额外的风险,积累到一定程度,将引起整个市场的过度波动。阿什宝等(Ashbaugh et al., 2005)验证了韦斯特(1988)的理论模型,发现公司特质收益率的波动和市场泡沫、狂热情绪等因素正相关。巴伯瑞斯等(2005)研究发现,当公司被纳入(剔除)标准普尔500指数后,由于大量投资者对此类公司的特殊偏好所产生的非理性的交易行为会导致股价同步性波动的增多(减少)。格林伍德和索内尔(Greenwood and Sosner, 2007)来自日本 Nikkei 225 指数的证据同样支持该结果。库马尔和李(2006)通过对个人投资者行为的研究,发现噪声交易对股价同步性会产生显著的影响。

另外,有不少研究对信息论观点提出质疑,并且提供了许多信息论难以解释的证据。凯利(Kelly,2005)采用交易成本、流动性、信息成本和投资者关注度作为股票信息环境的度量,发现股价同步性波动越小,股票的信息环境越差。罗基戈帕和文卡塔查拉姆(Rajgopal and Venkatachalam,2006)发现,如果使用应计质量和分析师盈利预测分歧作为度量,财务报告质量的下降可以很好地解释1962~2001年40年间美国公司特质收益率波动的上升。阿什宝等(2005)发现在英国、美国等全球最大的6个市场中,股价同步性和对未来盈利信息的定价之间没有一致的联系,对分析师预测误差和外国公司在美国上市的研究结果也不支持将股价同步性作为公司特质信息的度量。赵、杨和张(Teoh,Yang and Zhang,2007)选择4个知名的会计异象进行检验后发现,股价同步性波动越小,会计异常的程度更显著;直接调查信息质量和R^2之间的关系,依然得到与杜尔涅夫等(2003)相对立的结论,即股价同步性与公司特质信息质量或者透明度正相关。因此断定,公司特质的不确定性才是决定股价同步性大小的关键因素。

学者还从跨国比较分析的角度提出了质疑。阿尔维斯等(Alves et al.,2010)完全复制默克等(2000)的研究,所不同的只是将时间窗口扩展到1985~2004年。研究发现,同一国家的R^2随着时间的推移发生剧烈变化,当年较高的R^2往往伴随下一年较低的R^2。而一个国家的公司治理机制和法律保护体制相对则比较平稳,因此产权保护观点很难解释这一现象。他们认为,从国家宏观层面来看,R^2作为信息环境质量的评价指标是难以让人信服的,而制度环境能否以及在多大程度上解释R^2的国别差异也是令人生疑的。辛等(Sing et al.,2011)同样采用跨国数据复制了默克等(2000)的研究,发现产权保护力度与股价同步性的负向关系并不稳健,反而是波动率和规模这两个市场结构性变量一直有着非常显著的解释作用。因此,他们认为国家之间的R^2差异更有可能是市场结构特点不同导致的结果,而不是默克等(2000)所解释的信息流驱动的结果。

国内支持"噪声观"的文献较少,较有代表性的是许年行等(2011)的研究,他们的研究没有得出支持"信息观"的结论,而是结合"信息"与"心理"两种理论,采用心理偏差和信息传递方式的新理论解释发现的现象。孔东民和申睿(2008)发现从线性回归的角度来看,中国股市的R^2似乎在更大程度上体现了市场噪声而非信息效率。张永任和李晓渝（2010），林忠国、韩立岩和李伟（2012）也发现在中国证券市场，同步性高低与信息含量大小之间并不存在简单线性关系，而是呈现出"U"型或倒"U"型的非线性关系，暗示同步性不是信息或噪声变量的单调递增函数。此外，林忠国、韩立岩和李伟（2012）还发现，对于同步性越低的公司而言，盈余公告后价格漂移现象会愈加明显，并且股价与当期或未来会计盈余之间的关联程度会越弱，这显然有悖于信息解释，从而不能简单地将较小的股价同步性波动等同于较多的公司特质信息含量。周林洁（2014）则发现在噪声交易较多的中国股票市场中，以控制权和现金流权之差度量的超额控制权和股价同步性之间存在显著的负相关关系，即当噪声交易是股价同步性的主要驱动因素时，较差的公司治理，特别是较高的超额控制权，会增加基本面的不确定性，吸引较多的噪声交易，进而降低股价同步性。周铭山、林靖和许年行（2016）对是否为明星分析师的对比研究表明，虽然相比非明星分析师，明星分析师才能够显著减少股价同步性波动，然而后续的证据表明，信息提供并不能完全解释我国明星分析师减少股价同步性波动的现象；相反，明星分析师跟踪及评级调整与短期动量效应、中长期反转效应以及异常成交额存在显著的正向关系，这表明明星分析师是通过引起投资者的过度反应而导致股价同步性波动的增多。这对于认识我国证券市场股价同步性的生成机理具有重要的意义。

第二节 股价同步性的经济后果

作为现代市场经济体系重要组成部分的证券市场，具有多方面的功能，如直接融资、信息聚集与扩散、优化资本配置、公司治理以及资产运用等，股价"同涨同跌"现象的出现破坏了市场功能的正常运作，降低了市场运行的效率。国外的学者分别从价格信息效率、资本市场效率、公司治理等方面对股价波动同步性的经济影响展开了广泛且深入的探讨。

一、股价同步性与股价信息含量

罗尔（1988）认为 R^2 较低的原因有两种可能：一是由公司特质的信息融入股价而引起的，即股价同步性波动的大小代表了价格中包含的公司特质信息含量的多少；二是由其他与公司基本面信息无关的偶发狂热因素所导致的。

杜尔涅夫等（Durnev et al.，2003）最早对罗尔（1988）的两个竞争性对立假说进行检验。他们建立了股票收益对公司未来会计盈余的回归模型，并采用未来盈余反应系数和未来盈余解释力两个指标作为判断依据，其含义在于：如果较低水平的股价波动同步性波动意味着股票价格所反映的有关公司基本面的信息越丰富，那么，相应地，公司未来盈余对股价的反应系数就越高，解释力度也应越大。在以美国上市公司为研究对象的实证检验中，杜尔涅夫等（2003）发现，股价同步性波动较小的公司，其未来盈余的信息较多被反映到股价中，说明股价波动同步性反映的是私有信息而非噪声，从而验证了罗尔（1988）的第一种观点。因此，股价同步性可以反映出股价中信息含量的多少，同时也衡量了市场定价效率的高低。

朱红军、何贤杰和陶林（2007）对中国证券市场分析师的作用进行研究时发现，对公司进行分析的证券分析师的人数越多，其股票价格的同步性越低。他们采用艾尔斯和弗里曼（Ayers and Freeman，2003）的方法，建立回归模型进一步证明：证券分析师降低股价同步性的作用，不是通过制造"噪声"信息使股价反映不真实的信息形成的；而是通过他们搜寻信息和加工信息的活动完成的。由于分析师更多地挖掘了公司基本面的信息，使得公司股票价格包含了更多公司层面的真实信息，从而提高股票价格的信息含量，减少了股价同步性波动。事实上，证券分析师的活动不但使得股票价格对当期未预期盈余的反映增加，减少了盈余公告后漂移的现象，而且使得当期股票的价格反映了更多未来盈余的信息。

古尔等（2010）同样以我国 1996~2003 年的上市公司作为研究样本，实证研究股价同步性是否能够反映股价中的公司特质信息含量。假定盈利信息是公司最重要的一类与其价值相关的特质信息，并以股票收益对会计盈利的反应系数作为股票收益与公司会计盈余信息之间关系强度的度量，建立回归模型进行检验。实证结果显示，股价同步性波动较大的公司，市场对其公布的盈利信息的反应值较低，股票收益与公司盈余之间的关系较弱，即说明公司盈利信息被股价所捕捉的程度较低。另外，对于规模较大或成长性较好的公司，股票收益与公司盈余之间的关系也更强，这些结果都与美国市场的研究结论一致。因此，对中国证券市场而言，股价同步性波动越大，同样说明股票价格中的公司特质信息越少。

二、股价同步性对资本市场效率的影响

沃格勒（2000）从产业角度考察了 65 个国家的资源配置效率，发现相对于发展中国家，发达国家行业投资增减对于行业效益变动更加灵敏，即资本更快地实现由低效率领域向高效率领域的转移，显示出更高水平的资源配置效率。比较研究表明，除了国家对经济的干预程度、中小投资者的法律保护差异外，各个国家股价同步性的差异对于资源配置效率的高低也具有显著的解释作用，股票市场的同步性越高，资源配置效率越低，反之亦然。因此，沃格勒（2000）认为当股价波动同步性波动越小时，股票价格包含更多的公司特质信息，价格作为信号传递机制的作用将得以强化，进而有助于资源配置效率的改善。默克等（2000）也指出，股价同步性会破坏资本市场的资源配置功能，从而降低市场运行的效率。

杜尔涅夫、李、默克和杨（2004）进一步发现，股价同步性波动较小的行业资本配置效率较高，因为股价中的私有信息有助于提高投资效率。当信息投资者能收集和处理公司有关信息，并利用这些信息从事有利润的交易时，那么他们就能持续、准确地对股票进行定价，因而股市的资本配置效率将提高；反之，当股价"同涨同跌"时，其更多反应的是宏观信息，股市不能有效引导资

本流向高质量公司、流离低质量公司，资本配置效率较差。其来自 1990～2000 年 56 个国家的证据表明，较低的股价同步性有助于提高资本配置效率，进而促进经济增长。

杜尔涅夫、默克和杨（2004）以美国证券市场 196 个行业为研究对象，考察股价波动同步性与公司资本预算效率之间的关系，结果发现股价同步性波动较小的公司，资本预算效率较高。资本预算效率是指公司当前有关投资决策的资本预算对公司未来市场价值的贡献程度，理论上最优的资本预算要求公司采纳所有预期净现值为正的项目、避免所有预期净现值为负的项目。杜尔涅夫等（2004）认为，股价反映的信息越充分，公司的管理机制如股东申诉、机构投资者施压等可以促成更好的公司治理，包括更有效的资本投资决策。而投资者根据私有信息进行交易会导致股价的变化，知情交易越充分，股价中融入的信息就越多，股票的定价效率就越高。因此，在其他条件相同的情况下，公司特质收益率波动越大，股价同步性越低，股票中融入的信息就越多，相应公司的资本投资决策就越有效。

三、股价同步性对公司治理的影响

公司治理作为一套制度安排，其目的在于解决因所有权和经营权分离所产生的代理问题，而上市公司能否积极约束和惩戒不称职管理者则是公司治理制度有效与否的必要条件。德丰和亨（2004）对 1997～2001 年 33 个国家上市公司的高管变更进行实证研究后发现，在投资者法律保护执行力度较强的国家，公司的股价同步性波动越小，公司高管因业绩下降而被非正常更换的可能性越大，从而表明股价波动中公司特质信息含量的提高不仅有助于投资者甄别管理者经营水平的高低，而且可以强化董事会对管理者的监督机制，进而提高公司治理制度安排的效率。因此，股价的同步性波动会对公司治理的效率产生负面的影响。

陈、戈德斯坦和姜（2005）认为，在股票市场发育完善的西方国家，股价同步性波动较小，公司层面信息的变动对股票价格波动的影响较大，而这种波动很大程度上反映出市场对公司基本价值的判断，因此，管理层在做出投资决策之前，不得不考虑市场的反应。与此相比，部分发展中国家的股票市场发育不健全，股票价格波动更多地由市场因素和行业信息来解释，而公司特有信息很少反映到股价当中，股价波动呈现出明显的同步性。在市场参与者看来，股价波动几乎与公司基本价值无关。于是，公司在进行投资决策时，完全不必考虑股价的变化。从而，这样的市场将导致类似"柠檬市场"的结果，即管理者无法从股票价格得到有效的信息反馈，而投资者则无法通过股价波动准确甄别不同资质的公司和不同发展前景的投资项目。实证检验也表明，股价波动同步性的提高将削弱公司投资决策对股票价格的敏感度。因此，股价同步性越高，公司治理的效率越低，上市公司的第一类代理问题也更严重。

股价同步性在微观层面的一个经济后果是影响企业高管的变更。良好的公司治理机制能有效识别高管的业绩表现，进而做出正确的高管更替决策。当股价同步性波动较大时，股价中信息含量较高，股票价格能更好地反映高管的业绩，便于企业依据高管任期内绩效做出选聘决策；而当股价同步性波动更大时，股价波动中所能反映的高管能力和绩效的因素有限，使得识别和更换业绩表现较差的高管的难度增加，高管的更替—业绩敏感性更低。因此，德丰和亨（2004）发现过高的股价同步性使得高管变更决策变得更加困难，降低了公司治理效率。

张军、刘波和沈华玉（2019）基于公司治理和信息不对称的视角，检验股价同步性与股价崩盘风险的关系，从而探讨了股价同步性重要的经济后果。由于较高的股价同步性能够加剧市场资源错配的程度，当股票指数在上涨周期时，股价同步性会推高公司股价，使公司股价被高估，或者加大被高估的程度；而当股票指数处于下跌周期时，股价同步性则压低公司股价，此时，管理层为了维持住股价，会倾向于隐瞒更多的坏消息，使公司股价与公司真实价值之间的差距进一步扩大。因此，股价同步性波动越大，股价崩盘风险越大。进一步的研究发现，在管理者隐瞒坏消息动机较强的公司中，股价同步性与股价崩盘风险之间的正相关关系更显著，而内外部的公司治理机制则能够通过缓解信息不对称和抑制管理层隐瞒坏消息的行为降低股价崩盘风险。

第三节　股价同步性的影响因素

一、有效市场假说与行为金融理论

学者们通过跨学科的视角对 R^2 背后的生成机制和影响后果展开富有成效的研究。其中，最主要的理论基础是关于信息含量思路的有效市场假说以及关于投资者非理性思路的行为金融理论。

（一）有效市场假说

有效市场假说（EMH）被认为是传统主流金融理论的核心之一，它充分地反映了传统金融的研究脉络。法玛（Fama，1970）的论文标志着有效市场假说的确立，此后有效市场假说成为新古典金融学的范式，对现代金融产生了十分深远的影响。

有效市场假说的定义是指证券价格在任何时候都已充分地反映了市场可以得到的所有信息。法玛（1970）将已知的信息分为三类：一是历史信息，通常指股票过去的价格、成交量、公司特性等；二是公开信息，如红利宣告等；三是内部信息，指的是非公开的信息。在此基础上，有效市场假说分为三种不同的类型。弱式有效市场：证券价格包含了所有的历史信息，投资者无法利用过去股价所包含的信息获得超额利润。如果假设投资者是风险中性的，这种形式的 EMH 就简化为"随机游走假设"。半强式有效市场：证券价格不仅反映了过去的信息，而且反映了当前所有公开的信息，投资者无法通过分析当前的公开信息获得超额利润。强式有效市场：证券价格已经反映了所有的信息，包括所有公开信息和私人信息及内部信息，任何投资者都无法获得超额利润。

法玛（1991）更新了法玛（1970）分类法，拓展了弱式有效性的概念，把检验方法也改变为对收益率可预测性的测试；将半强型检验改变为事件研究；将强型检验改变为私有信息检验。

有效市场假说是建立在三个逐渐放松的理论假设之上的：第一，假设投资者是理性的，可以理性评估资产价值；第二，即使某些投资者不是理性的，但由于其交易具有随机性，可以相互抵消，不至于影响资产价格；第三，即使投资者的非理性行为并非随机而具有相关性，市场中的理性套利者也会通过无风险套利消除这种影响（Shleifer，2000）。

有效市场的存在必须满足以下假设条件：（1）市场是一个无摩擦、完备的竞争性市场，即不存在交易成本和税收；没有限制性规定。（2）整个市场充分竞争，所有的市场参与者都是价格的接受者。（3）信息的产生是随机的，且成本为零，所有的投资者都可以免费、迅速地不断获得当前、未来所有可能的相关信息。

有效市场假说的意义在于，它探寻了资本市场中价格波动的规律，揭示了价格与信息的密切关系，为研究金融市场中价格形成机制、市场收益结构提供了理论依据，是大量实践的基础。另外，它为证券市场各种基本理论的研究提供了一个合理的、适当的理性预期与均衡的操作平台，使得证券市场理论得以更加深入、有效地进行。直到20世纪70年代末，EMH无论是在理论方面还是在实证检验方面，都取得了巨大的成功。但是，进入20世纪80年代之后，有效市场假说受到了实证与理论的巨大挑战。

（二）行为金融理论

行为金融理论是在对现代金融理论，尤其是在对有效市场假设和资产定价模型的挑战和质疑背景下形成的。由于20世纪80年代以来，金融学研究逐步深入，与传统金融理论不一致的现象不断被揭露出来，成为金融学的"未解之谜"，传统的"理性人"假定已经无法解释"现实人"的经济生活与行为。随着心理学等相关科学的发展，行为金融理论开始悄然兴起。行为金融理论较为系统地对传统金融理论提出挑战并有效地解释了众多市场异常行为，揭示了投资者心理因素在决策行为以及市场定价中的作用和地位，从而使得研究更接近实际。

谭松涛（2007）指出，行为金融学在金融市场中的应用主要体现在三个领域：一是行为资产定价，主要考察投资者的非理性投资心理和投资行为对资产价格的影响。二是个体投资行为，主要考察投资者在金融市场中的非理性投资行为和投资策略，并基于心理学和社会学的知识对这种行为的产生原因进行解释。三是行为公司财务，主要考察投资者或者经理人的非理性对公司财务行为的影响。

行为金融学认为投资者并不满足理性人假设，他们在决策时并非遵循贝叶斯法则，而会产生易获性偏误、代表性偏误、过度自信、框架依赖等认知偏误，因此不能根据已知信息对证券价值做出正确评估。投资者的偏好也不遵循独立性、完备性、一致性、传递性等公理假定。特维尔斯基和卡尼曼（Tversky and Kahneman，1979）在一系列心理学实验结果的基础上提出：人们更加看重财富的变化量而不是损失量；人们面临损失时倾向于冒险，而面临盈利时倾向于接受确定性盈利；盈利带来的快乐与等量的损失带来的痛苦不相等，后者大于前者。特维尔斯基和卡尼曼（1979）在此基础上提出前景理论代替预期效用理论，使行为金融理论的框架初步显现。

有效市场假说假设投资者的决策行为是在理性约束下的相互独立的随机过程，但是行为金融理论的研究结果表明，投资者的行为是相互影响的，投资者之间是相互学习模拟的，会产生从众心理偏差，出现"羊群效应""聚集行为"，这样证券价格就可能出现系统性偏差。

行为金融学提出了有限套利理论。在证券市场上，除期货期权等衍生品外，大量的证券没有替代组合，这样一旦由于某种原因出现"定价偏离"，套利者将无法进行无风险的套利交易，套利者将面临更多的风险。如果价格偏差在消失之前继续错下去，即使是两种基本价值完全相同的证券，价高者可能继续走高，价低者可能也会继续走低。尽管两种证券的价格最终会走向一致，套利者会补亏为盈，但有时其也无法熬过亏损期。因此，从表面上看起来完美的套利，实际上风险重重，作用有限。德隆（1990）指出噪声交易者有足够大的力量，由他们引起的噪声交易者风险会阻碍理性的套利行为。有限套利理论指出：非理性交易者导致股价偏离基本价值，理性交易者没有足够的力量纠正这种错误定价。

行为金融学基于心理学和有限套利来研究资产定价问题。行为金融的定价模型包括两个关键的假设：投资者并非是完美理性的；理性投资者抵消非理性投资者资产的愿望或能力有限，因此非理性投资者的行为或者预期会影响金融资产的价格。基于以上两个假设，行为金融学构造了噪声交易者模型、行为资本资产定价理论、行为资产组合理论研究资产定价问题。

行为金融理论的基本观点可以归纳为：投资者不是理性的，而是普通的正常人；投资者不是同质的；投资者不是风险厌恶型的，而是损失厌恶型的；投资者的风险态度是不一致的、分类的、变化的；市场存在非有效性。

二、国外学者的相关研究

国外学者对股价同步性影响因素的研究主要集中在三个方面：一是从投资者法律保护程度的差异进行跨国比较研究；二是从市场和公司的信息环境角度对股价同步性波动现象进行解释；三是基于行为金融理论，研究投资者情绪对股价同步性所产生的影响。

（一）投资者法律保护与股价同步性

近年来，拉波塔（La Porta）等人的一系列研究证明，投资者法律保护对一个国家或地区的金融市场发展、股权结构、权益价值以及公司财务政策等都具有十分重要的影响。由于一国的投资者法律保护会对市场投资者行为及其动机产生影响，并通过其行为影响股票价格对各类信息的反映和吸收，因此也会影响股价的同步性运动。

国外学者对投资者法律保护与股价同步性的关系进行了十分深入的研究。默克等（2000）在比较了40个国家或地区证券市场的股价同步性波动情况后发现，各个国家和地区的股票价格同步性存在着较大的差异，发达国家的股价同步性波动普遍较小，发展中国家的股价同步性波动普遍较大，而导致这种差异产生的原因则是各国或各地区的法律体系对产权保护的程度存在显著的差异。默克等（2000）认为，一个完善的金融体制可以给予投资者较好的产权保护，这使得套利者更愿意参与套利活动。套利活动是基于私人信息的交易活动，能够推动价格向真实价值接近，进而增加股票价格波动所反映的有关公司特质信息的含量。而在投资者产权保护较差的国家里，套利者由于面临着较高的、难以预测的政治风险，再加上金融体制不完善而导致的对投资者利益侵害事件屡有发生，由此提高了信息收集成本，投资收益不足以弥补为之付出的成本，使得套利者不愿意参与套利活动。套利者在构造投资组合时更多地以平均价值水平或国家的宏观经济水平作为公司实际价值的替代，从而阻碍了股票价格对公司特质信息的吸收，股价波动"同涨同跌"的现象趋向明显。因此，各个国家对投资者产权保护的程度决定了股价同步性波动的程度，投资者法律保护水平越高，市场股价同步性波动的程度就越小。

福克斯、默克、杨和杜尔涅夫（Fox, Morck, Yueng and Durnev, 2003）进一步证明，在产权保护水平较低的国家中，政府往往凌驾于法律之上对公司的经营活动进行过度的政治干预，从而导致市场发生严重的股价同步性波动。一方面，政府的干预行为使得公司的收益分配更加难以预测，从而增加信息交易者的套利风险，并抑制其套利交易的动机；由于信息交易者的套利活动能够促进股票价格对公司特质信息的吸收和反映，因此较少的信息交易者以及不活跃的套利活动都会妨碍股价特质信息含量的提高，导致股价出现较高的同步性波动。另一方面，信息交易者的退出也给噪声交易者制造了活动的空间，导致噪声交易者在价格形成过程中扮演更为重要的角色，市场为噪声交易者所主导；而噪声交易者往往习惯于进行各种非理性的"追涨杀跌"行为，这就导致市场出现过度的价格波动，从而提高了股价的同步性运动。此外，李等（Li et al., 2004），贝等（Bae et al., 2006）同样采用跨国比较方法，分别证实了资本市场开放程度和金融自由化程度对国家层面的股价同步性具有显著的影响作用，对默克等（2000）基于产权保护的理论解释提供了进一步的证据。

（二）信息环境与股价同步性

皮奥特洛斯基和罗尔斯登（2004）研究证券分析师、机构投资者和内部人三类知情人的行为对股价同步性的影响。与公司盈利相关的信息可以分为市场、行业和公司三个层面，如果知情参与者的行为主要促进了股价对行业和市场层面信息的吸纳，那么股票价格将表现出更大的同步性；反之，如果知情人的参与主要促进股价对公司特质信息的吸收，则股票价格将展现出较小的同步性运动。研究结果发现，股价对信息类型的反应强弱与每一类知情参与者自身的信息优势相对应，其中，分析师的行业优势和专业技能使他们可以更好地理解行业内所有公司共同的信息,因此,分析师的预测活动主要促进了股价对行业层面的未来盈利信息的吸收,使得股价波动表现出更强的同步性;内部人和机构投资者的交易则促进了股价对公司层面的未来盈利信息的反映,降低了股价同步性。

陈和哈米德(2006)以 25 个发展中国家新兴证券市场为研究样本,调查了新兴市场上股价同步性与证券分析师活动之间的关系。传统的观点认为,证券分析师擅于挖掘公司层面的特质信息;研究发现却与之相反,分析师关注度更高的股票更多的是吸纳了市场范围的信息,相对较少地吸收了公司层面的特质信息。采用市场模型的统计量 R^2 作为股价同步性的度量,结果表明,更多分析师的关注反而增加了股票价格的同步性。进一步发现,分析师的盈利预测分歧减少了分析师关注度对股价同步性产生的影响。在发达国家的市场中,由于证券分析师与内部人及大机构投资者相比在掌握公司特质信息方面并没有优势,整体上反而减少了股价中的特质信息含量;而在新兴市场中,由于监管部门对信息披露的政策法规执行不力,信息披露程度较差,上市公司则往往由集团联合或家族控制,治理水平较低,公司缺少透明度,这使得分析师搜集公司特质信息的成本提高,分析师的盈利预测更多地依靠宏观经济信息。所以,在新兴的资本市场里,证券分析师主要搜集的是市场层面的信息,而不是公司基本面的信息,证券分析师的活动反而提高了股票价格的同步性。

吉恩和迈尔斯(2006)研究认为,股价的同步性主要是由公司信息的不透明引起的。投资者产权保护程度的差异,并不能完全解释股价波动同步性波动的差异。因为公司内部人掏空行为的严重程度不仅取决于司法保护体系的完善程度,还取决于外部投资者对公司价值的了解,即信息的透明程度。他们建立起一个理论模型,解释了公司控制权和信息透明度是如何影响公司风险在内部经理人和外部投资者之间的分配,进而影响股价的同步性波动。内部人利用其信息的优势以及对公司的控制权,掠夺部分经营现金流;这种利益侵害的程度取决于外部投资者对公司价值的察觉。当信息透明程度较低时,内部人由于其掏空行为不易被外界所发现,本身具有强烈的动机利用内部信息谋取私利,从而减少外部投资者所能获取的公司特质信息;同时,由于公司信息不够透明,外部投资者只能依据市场平均收益对公司价值进行预期,从而使得股价波动更多地表现出与大盘相一致的特征;最终,内部人必须承担更多的公司特有风险并减少外部投资者吸收的公司特有风险，由此最终导致股价中公司特质信息含量的降低和股价同步性波动的增大。吉恩和迈尔斯（2006）随后对 1990～2001 年 40 个国家的证券市场进行实证研究，证明一个国家的信息透明度越低，股价同步性波动则越大，即便引入投资者产权保护水平，不同国家的信息透明度水平对股价同步性仍然具有显著的解释作用。

赫顿等（2009）研究了公司财务公告的透明度与股价同步性之间的关系。研究没有采用以往跨国比较中基于市场层面的信息透明度度量，而是以具体的公司为目标选取了更为直接的指标衡量信息的不透明度，即以公司盈余管理指标为基础构建单个公司信息不透明度的指标。实证结果表明，信息不透明度越高，公司的股价同步性波动也越大，即股价只能反映较少的公司特质信息。进一步地，信息不透明度较高的公司，股价也更容易出现崩盘的现象，这个结果与吉恩和迈尔斯（2006）的模型所预测的结果一致。另外，信息透明度与股价同步性以及价格崩盘风险之间的关系在《2002 年公众公司会计改革和投资者保护法案》（简称"萨班斯—奥克莱斯法案"）颁布之后迅速地消失了，这是因为，法案颁布之后，证券监管机构对公司信息披露的要求更加严格，在新的制度环境下，由于盈余管理所导致的信息不透明迅速地减少了。因此，赫顿等（2009）的研究证明，公司的信息不透明度越高，其股价中的特质信息含量越低，股价同步性波动程度越大。

部分学者从比较不同的会计准则入手，认为低质量的会计准则和信息披露制度意味着一个国家的公司特质信息环境较差，宏观经济的信息就会对股价产生更大的影响，这将导致股票价格呈现高同步性（Ding et al. , 2008）。这些学者分析国内会计准则（DAS）在满足当地投资者的信息需求方面，可能优于也可能亚于国际会计准则（IAS），因此，在假设中没有指定不同准则的差异对股价同步性的影响方向。他们的研究结论显示，DAS 与 IAS 的差异越大，股价同步性越高，因此采用 IAS 有助于改善一个国家的股票信息含量。

古尔等（2010）以中国上市公司为样本，研究了外部审计质量对股价中的公司特质信息含量的影响。理论分析认为，首先，外部审计能够通过改善财务报告所披露的信息质量，缓解内部人和外部股东之间的信息不对称程度；而高质量的外部审计向市场提供的是更为可靠的公司特质信息，并使更多的公司特质信息融入股票价格中去，这就会导致更小的股价同步性波动出现。其次，虽然外部审计师与证券分析师同样都在扮演信息中介的角色，即利用自身的专业技能以及对客户业务的了解将更可靠的公司信息传递到市场，但不同的是，证券分析师在提供公司特质信息的同时，也提供市场层面或行业范围的信息；而审计师的主要作用只是确保可靠的会计报告以及其中所包含的公司特质信息。再者，审计的效果随审计质量而变化，与国际性的四大会计师事务所[①]相比，本地的审计机构在侦测有偏误的财务报告或投机性的盈余管理方面有效性更低。此外，在所有权高度集中的新兴市场中，四大会计师事务所扮演了公司治理的作用。实证结果也证明了，与聘请非四大的国内会计师事务所相比，聘请国际知名的四大会计师事务所的上市公司，其股价的信息含量更高，股价同步性则更低。由于高质量的审计能迫使被审计的公司以更及时的方式向市场披露更详细且质量更高的公司特质信息，所以，外部审计质量越高，股价中的特质信息含量越高，股价的同步性越低。

（三）投资者情绪与股价同步性

韦斯特（1988）通过建立数学模型对股价的过度波动现象进行研究，发现如果假定折现因子是常数，过高的股价波动性则难以被现金股利等公司基本面的因素所充分解释。对此可能的解释有两种，一是折现因子的时变性导致了股价的过度波动，二是由于泡沫或狂热情绪等因素造成的。进一步地，韦斯特（1988）对折现因子的时变性解释进行仔细分析后发现，折现因子的变化并不足以单独地引起股票如此剧烈的价格波动，而泡沫或狂热情绪的可能性却与计量的诊断结果是一致的。R^2也可能反映出股票收益中的噪声、泡沫、狂热等与公司基本面无关的因素的影响。由于现有研究对泡沫引起的价格波动很少有直接的关注，因此进一步的研究是十分有价值的。

根据德隆等（1989；1990）的研究，噪声交易者会制造出一种风险，减少套利者的交易，引起与公司信息无关的市场的股价波动。由于实证研究表明股价波动性的其中一部分并不能简单地被公司基本面的变化所解释，德隆等（1989）认为这可能是因为资产定价不仅反映了信息的到达，而且也反映了非理性的噪声交易，由于噪声交易的成本远远超过其收益，因而对资本市场和经济

[①] 国际四大会计师事务所是指世界上著名的四个会计师事务所：普华永道（PwC）、德勤（DTT）、毕马威（KPMG）和安永（EY）。

发展带来负面的影响。在德隆等（1990）提出的资产定价模型中，非理性的噪声交易者会随机地产生错误信念，而这种不可预测性将导致一种额外的噪声交易者风险，它阻碍了理性套利者的对赌行为，结果导致在没有基本面风险的情况下价格也可能显著地偏离基本价值。进一步地，由于噪声交易者承担了一部分由他们自己制造出来的风险，从而会比理性投资者获得更高的期望回报。随着噪声交易比重的上升和信息交易者的退出，公司特质信息将很难在股价中得到反映，最终导致股价波动的同步性提高。

巴伯瑞斯等（2005）对美国证券市场的研究发现，当公司股票被纳入标准普尔500指数后，无论是单变量分析还是二值回归模型的结果都表明股票的贝塔系数有了显著的增加，如果采用最近的数据进行检验，这种现象将更为明显；而当股票被标准普尔500指数剔除时，则会有完全相反的结果出现。研究表明，大量投资者对某类公司的特殊偏好，会导致这类公司随着非理性投资者的交易行为表现出"同涨同跌"的互动特征，因此，投资者情绪和市场摩擦会对股价同步性产生显著的影响。格林伍德和索内尔（2007）对日本证券市场的研究同样支持投资者情绪影响股价同步性的观点。对此，贝克和沃格勒（Baker and Wurgler, 2006）提出了"类别效应"的解释：如果投资者从某类别的显著特征来推断属于该类别的公司的基本特征，那么，当某股票进入该类别或从该类别剔除时，即便其基本价值没有发生变化，投资者也会认为这类事件传递了某种信息，并在偏好、情绪等非理性因素的影响下做出反应，进而影响股票价格的行为特征。

库马尔和李（2006）基于1991~1996年美国证券市场个体投资者交易的大样本数据，对个体投资者行为和股价同步性的关系进行了检验。研究发现，个体投资者的交易是系统性相关的，具有共同的趋向性。当个体投资者买入（卖出）一部分股票时，他们倾向于同样也买入（卖出）其他的股票；同时，当一部分个体投资者买入（卖出）股票时，其他的个体投资者也会倾向于买入（卖出）股票，这证明，投资组合层面的个体投资者情绪导致股价的同步性运动。进一步，由于个体投资者偏好于持有市值较小的、价格较低的或是机构持股较少的股票，因此，这类股票个体投资者的集中度较高，投资者情绪对股价同步性波动的影响也更大。他们根据投资者买卖股票的方向来度量其情绪的变化，发现当个体投资者的情绪变得高涨（抑制）时，这类股票的回报会更高（更低)。因此,整体来说,以上结果与噪声交易者模型的预测结论一致,证明投资者情绪在股票价格的形成过程中发挥了重要的作用,由个体投资者情绪引起的噪声交易对股价同步性波动产生了显著的影响,这也支持了巴伯瑞斯等(2005)的观点。达斯古普塔等(Dasgupta et al., 2010)、李等(2014)进一步通过实证研究发现,信息环境越差的公司,股价同步性反而越低,一定程度上说明低的 R^2 并不意味着更多公司基本面特质信息含量,进而支持了韦斯特(1988)的观点,而不支持罗尔(1988)和杜尔涅夫等(2003)的"信息观"。

三、国内学者的相关研究

(一) 投资者法律保护与股价同步性

无论是投资者产权保护机制的健全还是公司信息透明度的提高,始终都离不开一个国家司法体系的完备和治理环境的完善。如果市场环境从混乱无序走向规范有序,制度建设从薄弱走向健全完善,对内部交易、操纵股价等阻滞信息反映的行为能起到越来越有效的遏制作用,那么就更有可能增进股票价格的信息含量,减小股价同步性波动。

中国股市作为新兴的证券市场,从无到有,逐步摸索,逐步规范,经历了一段迅速发展的历程。在证券市场设立初期,政府在整个制度的制定过程中都扮演着主导性的角色,对于股票价格的涨跌,同样有着举足轻重的影响,以至于"政策市"的说法得到了广泛的认同。但是,随着《公司法》《证券法》等各项法律法规和相关配套制度的颁布与实施,中国证券市场在提高上市公司信息披露和完善公司治理,最终在保护投资者利益方面取得了长足的发展,证券市场效率随着制度建设的不断完善也逐渐得以提高(曾亚敏、张俊生,2005)。

游家兴等(2006)认为,默克等(2000)与吉恩和迈尔斯(2006)的跨国研究只是横向比较了国别的制度差异对股价波动同步性的影响,并没有注意到一个国家制度环境的构建本身是一个历史实践的发展过程,都要经历一个从无到有,从不规范到逐渐完善的演进过程。特别地,制度演进集中体现在投资者法律保护机制的完善和公司信息透明度的提高,并且二者都对股价波动同步性产生深远的影响：前者通过降低投资者的信息收集成本，进而提高股票价格中的公司特质信息含量；后者通过抑制公司内部人的掏空行为来提高股票价格对公司特质信息的吸收。于是，游家兴等（2006）选取对中国证券市场制度建设进程具有较大推进作用的六个法律事件，将中国股票市场的发展划分为七个时间段，采用非均衡的面板数据回归分析方法，建立固定效应模型捕捉不同时期制度建设的潜在作用，从动态的视角研究中国证券市场制度建设对股价同步性的影响。实证结果表明，伴随着制度建设的逐步推进、不断完善的历史过程，股票价格所反映出的公司特质信息越来越丰富，股价波动的同步性趋向减弱；此外，引入中国中小投资者法律保护分值作为反映制度建设进程的代理变量，发现投资者法律保护措施的加强有效抑制了股价波动的"同涨同跌"现象。研究结果也直接验证了坎贝尔等（Campbell et al., 2001）提出的猜测。因此，继续推进证券市场制度建设，并在内部交易管制、投资者保护机制以及信息披露制度等方面进一步加强法律保障和执法力度，将有利于抑制中国证券市场上严重的股价同步性波动现象。

（二）公司治理与股价同步性

新制度经济学的研究表明，产权的执行可以借助于公共治理和公司治理，特别强调公司结构相对于公共治理机制的内生性。一方面，公司所有权结构是对国家司法体系的一种适应性反应；另一方面，当投资者权益缺乏司法体系的足够保护时，所有权结构对投资者的保护则显得尤为重要。由于缺乏相关法律对证券民事赔偿机制的详细规定，市场各方普遍认为中国司法体系对投资者的保护程度较弱；公司层面上的所有权集中度和控股股东的性质可能是影响控股股东剥削行为的十分重要的两个因素。由于所有权结构的不同安排会对控股股东剥削其他股东的行为产生影响，而控股股东的剥削行为则是影响股票价格信息含量的主要因素，因此，影响控股股东行为的所有权结构特征也可能会对股票价格的同步性产生影响。

李增泉（2005）在默克等（2000）的基础上，将保护投资者权益的机制扩展到公司治理的层面，以我国上市公司1997～2001年的3 790个观测点为研究样本，实证分析了当我国司法体系无法对投资者的产权实施有效保护时，所有权安排如何替代司法体系对投资者权益的影响，进而影响股票价格的同步性。研究结果表明，无论是所有权集中度还是所有权性质都对股票价格的信息含量具有显著的影响。其中，第一大股东的持股比例与股票价格的信息含量存在显著的非线性关系，股票价格信息含量随第一大股东持股比例的提高先降低后提高；其他股东的持股比例与股票价格的信息含量之间表现出显著的正相关关系。另外，无论是政府部门、资产经营公司还是国有企业控制的上市公司的股票价格信息含量都显著低于非国家控股的公司，并且国家控股公司的股票价格的信息含量不受国家控股方式的影响。因此，上市公司所有权安排会对股价同步性产生显著的影响。罗琦和付世俊（2015）研究控股股东市场择时动机对股价同步性的影响。研究发现，在上市公司股权再融资过程中，为获取控制权私利，控股股东采取盈余管理行为向市场释放了噪声信息，使股价波动受到干扰，股价同步性波动减小。王立章等（2016）研究控制权和现金流权分离度对通过股价同步性所刻画的市场信息传递的阻隔程度。研究结果发现：两权分离度与股价同步性正相关，而股权制衡度与股价同步性负相关；实际控制人的国有性质以及股权制衡度的提高显著降低了两权分离对股价同步性的正向影响。

同样地，古尔等（2010）也以1996～2003年中国上市公司为样本，研究了所有权结构、境外投资者持股等对公司股价同步性波动的影响。研究结果表明，股价同步性与所有权集中度之间呈现一种凹函数关系：起初，随着第一大股东持股比例的上升，股价同步性以递减的速度随之上升；当持股比例接近50%时，股价同步性波动程度升至最大；然后，随着持股比例的继续增加，股价同步性下降。这表明，所有权结构对股价同步性具有两方面的影响，包括壕沟效应和激励效应。在壕沟效应下，所有权集中度与股价同步性正相关，而在激励效应下，所有权集中度与股价同步性负相关。

另外，与国内投资者相比，境外投资者一般是更为成熟的机构投资者，具有出众的能力、资源和技巧，能够搜集和处理与公司价值相关的公司特质信息。因此，境外投资者持股与更高的透明度和更低的信息不对称相关联，境外投资者的存在可以改善信息环境。实证结果也证明，境外投资者的所有权增加了股价中的特质信息含量，降低了股价同步性。进一步地，在香港证券交易所发行H股的A股上市公司与在上海证券交易所和深圳证券交易所发行B股的A股上市公司相比，股价同步性也更低。这是因为，上海证券交易所和深圳证券交易所还只是一个新兴的市场，而香港证券交易所已是一个十分发达的市场，其制度的严格性及信息环境与前两者存在显著的差异。其中，国内市场遵守 DAS 准则，B 股遵守 IFRS 准则，H 股遵守 GAAP 准则，后两者还要求上市公司必须聘请国际四大会计师事务所的会计师担任审计工作。因此，制度层面的因素也影响了股价中的公司特质信息含量。此外，2016 年 12 月，财政部批准《在审计报告中沟通关键审计事项》等注册会计师审计准则（"新审计报告"），旨在提高审计报告的信息含量以及其决策相关性。王木之和李丹（2019）通过构建双重差分模型，检验并发现新审计报告的实施降低了股价同步性，即外部审计的治理机理可以提高资本市场的信息效率。进一步，披露的关键审计事项越多，其公司股价同步性越低；并且披露更多非行业共有型事项、披露内容更详尽时，两者负相关关系更明显。另外，新审计报告及关键审计事项对股价同步性的影响在信息不对称程度更高的公司中更明显。顾小龙、辛宇和滕飞（2016）提供了违规监管在资本市场层面发挥治理效应的经验证据，研究发现，违规监管有助于揭示公司的异质性信息，降低股价同步性；同时有助于降低市场噪声，削弱公司不透明水平与股价同步性之间的负向关系。而且，在外部制度环境较好的地区，违规监管能够发挥显著的治理作用，而在外部制度环境较差的地区，治理效应并不明显。这一发现表明，违规监管的治理效应不仅取决于其自身，还取决于发挥作用的外部条件。黄灿等（2017）对内幕交易进行研究，发现内幕交易会导致其他投资者的逆向选择并提升未来股价同步性，最终降低资本市场的效率。虽然在短期内，内幕交易的确能降低股价同步性，但是内幕交易的信息传递属于一种非正式渠道，其作用会受到信息环境的影响。当信息环境较好时，内幕交易对当期股价同步性的负向影响会削弱；当信息环境较差时，内幕交易对当期股价同步性的负向影响会加强。

（三）信息披露与股价同步性

与国外主流的股价同步性与信息透明度负相关的研究结论不同，初期国内学者认为，在噪声较多的股票市场中，由于公司个体信息相对较少，而噪声较多，股票价格波动主要受噪声的推动。信息透明度的提高将降低公司未来发展的不确定性，减弱噪声对股票价格的影响，从而降低股价同步性。王亚平、刘慧龙和吴联生（2009）研究发现，公司信息透明度越低，股价同步性也越低。王凤华和张晓明（2009）支持提高会计信息透明度不会降低股价的同步性的观点。金智（2010）发现，会计信息质量与股价同步性正相关，并且这种正相关性仅存在于负向盈余管理的情况下，而在正向盈余管理的情况中两者之间的正相关性不明显，这与我国股票市场的卖空限制有关。

而后期的研究结果开始支持信息披露有利于改善资本市场信息环境，进而降低股价同步性。例如，史永和张龙平（2014）以2009年上交所与深交所要求上市公司同步披露XBRL格式的财务报告为研究契机，探索信息披露对股价同步性的影响。结果表明，XBRL财务报告的实施能够有效降低股价波动的同步性；尽管两个交易所实施XBRL的方式有所不同，在网页呈现质量和信息含量上各有所长，但在减小股价同步性波动的效果上不存在显著差异。这表明XBRL财务报告的实施可以降低投资者的信息处理成本，提高信息效率，使股价能够更充分地反映公司特质信息。李丹和王丹（2016）研究上市公司客户信息披露对股价同步性的影响，发现供应商披露客户身份增加了投资者获取供应商信息的渠道，使股价同步性波动减小；且当客户为上市公司时，公开的客户渠道信息还能促进行业共享，使供应商的股价同步性波动大于客户不是上市公司的供应商。这一结果在客户重要性增强、客户分析师数目增多及行业影响力变大时增强，表明上市公司披露客户信息有利于提高我国资本市场信息效率。姚圣和梁昊天（2016）以政策变动为视角研究环境信息披露对股价同步性所起的作用。研究发现，在政策颁布前，远距离企业的环境信息披露与股价同步性负相关，政策颁布后则正相关。而对于近距离企业，在政策颁布前后上述关系均不显著。环境信息披露联合地理位置对股价同步性发挥作用。危平和曾高峰（2018）则针对强环境敏感型行业，研究环境信息披露对股价同步性的影响。研究认为，当噪声是股价同步性的主要驱动因素时，环境信息披露降低了对企业未来发展的不确定性认知，起了"降噪"作用。

在信息披露过程中，信息中介起到关键性作用。与成熟资本市场相比，新兴资本市场"同涨同跌"现象更严重的一个重要原因就是没有发达的信息中介。作为信息中介的重要组成部分，证券分析师增进市场运行效率的作用在成熟的资本市场已得到普遍认同。大量高素质的、有良好职业声誉的证券分析师利用其专有的知识与信息搜集加工的相对优势，向市场参与者提供合理反映证券内在价值的信息，从而提高市场定价的效率，促进了投资者价值投资理念的形成。然而，在新兴的资本市场里，证券分析师是否能够促进市场运行的效率还有待于经验证据的支持。如陈和哈米德（2006）的研究发现，在新兴的资本市场里，证券分析师主要搜集的是市场层面的信息，而不是公司基本面的信息，证券分析师数量的增加反而提高了股票价格的同步性。特别是，在中国这样的新兴市场国家，市场对证券分析师的职业能力和职业道德还存在着诸多质疑。朱红军（2007）通过研究证券分析师与股价同步性、股价信息含量的关系，从整体上考察了我国证券分析师对资本市场运行效率的影响。研究发现，随着对公司进行跟踪分析的证券分析师人数的增加，有关公司层面的信息更多地被包含在股票价格中，使得股价的同步性下降。进一步的研究还发现，公司股票价格同步性的下降，并不是由于证券分析师利用掌握的信息优势操纵股票交易，而是由于他们的信息搜寻活动提高了股票价格的信息含量，使得价格能够及时包含未来盈余的信息，同时减少盈余公告后的漂移现象。因此，总体而言，证券分析师的信息搜寻活动能够提高股票价格的信息含量，使其包含更多公司基本面的信息，降低股价的同步性，从而提高资本市场的运行效率。

  曹新伟、洪剑峭和贾琬娇（2015）关注分析师实地调研这一特定私人活动对股价同步性的影响。结果发现，分析师的实地调研强度越大，公司的股价同步性波动越小，证实分析师的实地调研可以促进更多的公司特有信息融入股价，提高了资本市场的信息效率。而且，在公开信息有限或不足时，分析师实地调研的信息挖掘作用更显著。伊志宏、李颖和江轩宇（2015）区分分析师性别对股价同步性的不同影响。研究发现，与男性相比，女性分析师关注与股价同步性波动的负向关系更显著；进而，女性分析师向市场提供了更为丰富的公司特质信息，她们的个人能力、努力程度及性格特征是其挖掘更多公司特质信息的重要原因。周铭山、林靖和许年行（2016）根据是否为明星分析师进行区分。研究发现，相比明星分析师能够显著减少股价同步性波动，非明星分析师则不能。进一步结果表明，信息提供并不能完全解释我国明星分析师减小股价同步性波动的现象，实际上明星分析师是通过引起投资者过度反应而减小股价同步性波动。伊志宏、杨圣之和陈钦源（2019）运用文本分析的新方法，直接从内容的角度证实了公司特质信息含量高的报告更受投资者关注，能引起更强烈的市场反应，使得股价更多地吸收公司特质信息。研究结果证实，分析师报告中公司特质信息含量越高，所关注公司的股价同步性越低。官峰、王俊杰和章贵桥（2018）基于腐败官员落马的外生事件构建双重差分模型进行研究，发现与落马官员关联的企业的分析师预测准确性提高,预测分歧度降低,分析师跟踪数量增加,企业股价同步性降低。证实在官员落马影响关联企业股价同步性的过程中,分析师发挥了中介作用。以上研究不仅为我国分析师的信息媒介作用提供了有力的经验依据,也支持了股价同步性的信息论含义。

近年来,另一类信息中介——新闻媒体在资本市场中所扮演的角色受到众多学者的关注。新闻媒体搜集、整理和发布公司信息,由此影响投资者的信息获取,并进而作用于股价。通过手工搜集上市公司媒体报道数据,黄俊和郭照蕊(2014)较早考察了新闻媒体对中国公司股价同步性波动的影响。研究发现,媒体报道与股价同步性显著负相关。对于分析师跟踪人数越多及机构投资者持股比例越高的公司,股价同步性受媒体报道影响而下降得越明显;相反,对于业务复杂公司,媒体报道对股价同步性的减缓作用减弱。进而,媒体报道的影响主要通过负面报道产生,网络新闻媒体报道也有助于公司股价同步性的降低。周冬华和魏灵慧(2017)则采用文本分析方法,研究发现,媒体是否报道、媒体报道数量和股价同步性均显著负相关;但媒体报道语气越正面,股价同步性波动越大,即表明媒体报道的语气会影响投资者的投资决策,投资者决策时往往会无视或忽略正面报道的媒体新闻。进一步研究发现,环境不确定性降低了媒体报道的信息中介作用,因此抑制了媒体报道与股价同步性之间的负相关关系。

在传统媒体之外,微博等网络新媒体的出现对公众信息的传播方式和及时性产生了重大的影响,丰富了上市公司发布信息的内容,在一定程度上提高了证券市场的定价效率。胡军和王甄(2015)研究发现,开通微博的公司股价同步性更低,说明 R^2 的差异源于公司特质性信息的多寡;但投资者自身难以准确理解微博发布的信息,需要借助于分析师的信息解读作用融入股价。何贤杰等(2018)手工解读微博上发布的信息后发现,微博信息中经营活动及策略类信息占比越高的公司的股价同步性波动越大,同时聘请十大会计师事务所[①]、信息透明度越高以及分析师跟踪人数越多的公司,其微博有用信息降低股价同步性的作用越强。结果说明,投资者并非接收所有微博信息并做出反应,只有在公司透明度较高、发布信息质量较高,并且微博信息内容具有价值的情况下,公司

---

① 十大会计师事务所,是指在中国注册会计师协会发布的会计师事务所百强榜中排名前十的会计师事务所。

层面信息才能通过微博有效地传递给投资者，从而影响资本市场。刘海飞等（2017）基于信息关注度、信赖度、更新频率等三层维度，构建社交网络微博信息的质量指标体系，进而发现微博信息质量与股价同步性有着显著的高度负向线性关联性，并且呈现出非线性"U"型关系。即随着社交网络信息质量水平的提升，股价同步性波动逐渐降至最小值，而后又逐渐增大。

（四）利益相关者与股价同步性

与上市公司相关的利益相关者众多，各类利益相关者的行为与证券市场紧密联系，间接或者直接地影响投资者的交易决策和行为，进而影响股价变化及其同步性特征。现有股价同步性研究已涉及的就有机构投资者、公司董事、审计师、政府、媒体和分析师等。由于后两者也与信息披露紧密相关，本书已在前一部分中阐述。

首先，投资者是影响股价的直接当事人，是最重要的利益相关者。市场中包括机构投资者和个体投资者，其中关于机构投资者的作用，西方学者的研究已经有了相当的积累，大多数研究都是从机构投资者的行为出发进行考察。根据信息经济学理论，机构投资者的作用直接体现为通过知情人交易向市场传递信息。作为市场交易中的信息拥有者，机构投资者持股的变化情况就可以向市场传递信息，将这部分信息反映在股票价格中，客观上提高了股价的信息含量。皮奥特洛斯基和罗尔斯登（2004）研究机构投资者、证券分析师和内部人三类知情人行为如何影响股价对公司特质信息、行业及市场信息的反应。结果发现，机构投资者知情交易传递公司层面信息，促进股价对公司特质信息的吸收，减小股价同步性波动。

与美国成熟市场相比，机构投资者在中国资本市场中的作用目前还存在一定的争议。虽然在2001年之后，中国的机构投资者经历着一个快速发展的时期，资本市场结构正逐渐由过去散户占主导地位向与欧美市场类似的以机构投资者占主导转变，机构投资者在我国资本市场中已经占有了极为重要的地位，但是，由于以往屡屡发生违规行为，违规的成本相对较低，机构投资者未必能够体现出自身的研究和信息优势。侯宇和叶冬艳（2008）考察机构投资者交易对股价同步性的影响，验证机构投资者是否进行了知情人交易，提高了市场效率。结果显示，机构投资者交易可以增加股价的公司特有信息含量，股票的同步性同机构投资者的交易量显著负相关。进一步，控制住噪声因素的影响，发现机构投资者交易并没有通过增大股价中的噪声而减小股价同步性波动，而是向市场传递了有效的信息。因此，研究证明了我国机构投资者所起到的积极作用，机构投资者的交易越活跃，股价中的特质信息含量越高，股价同步性越低。王亚平、刘慧龙和吴联生（2009）研究了股价同步性与信息透明度之间的关系，以及机构投资者持股比例对这种关系的影响。结果发现，公司信息透明度越低，股价同步性波动越小；股价同步性与信息透明度的正向关系随着机构投资者持股比例的提高而减弱。研究结果表明，在中国股票市场上，股价同步性正向地反映股票市场信息效率，而机构投资者能够提高股票市场的定价效率。饶育蕾等（2013）从境外合格机构投资者（Qualified Foreign Institutional Investor，QFII）这类特定的机构投资者投资个股的角度实证其对股价同步性的影响，并区分了长短期的投资行为。结果表明，QFII的长期投资有利于提高股价信息含量，降低股价同步性；而短期投资行为会提高我国股价"同涨同跌"的程度。这一结论还受到市场行情的影响，在牛市中短期QFII增加同步性的作用显著，而在熊市中长期QFII降低同步性的作用更加明显。此外，QFII对股价同步性的影响也明显受个股规模的影响。周林洁（2014）则发现在噪声交易较多的中国股票市场中，以控制权和现金流权之差度量的超额控制权和股价同步性之间存在显著的负相关关系，而机构持股会加强这种负向关系。

其次，董事会是公司的核心机构，中国上市公司普遍存在连锁董事。李留闯等（2012）从公司透明度和趋同性的视角分析了连锁董事对股价同步性波动的作用机制。结果表明，拥有连锁董事公司的股价同步性波动更大；在网络中镶嵌越紧密的公司，其股价波动和市场波动更一致。进一步，在大公司和国有控制公司中，连锁董事通过降低公司透明度增加股价同步性波动；在小公司和非国有控制公司中，连锁董事通过增加公司间的趋同性增加股价同步性波动。独立董事是一项重要的制度安排，而上市公司在是否聘用行业专家型独立董事方面具有自主裁量权。张斌和王跃堂（2014）研究了行业专家对复杂经营环境下特质信息释放效率的影响，发现行业专家型独立董事削弱了业务复杂度和股价同步性之间的正相关关系，进而当行业专家具有政治关系时，其对业务复杂度和股价同步性的调节效应被显著削弱。综合结果表明，行业专家因其对公司业务实质的理解和背负的业内专家声誉，有利于复杂经营环境下特质信息的释放,但具有政治关系行业专家的特质信息效应显著削弱。罗进辉、向元高和金思静(2015)则从股价同步性视角实证分析了董事会秘书对资本市场效率的影响。他们认为当股价主要由噪声驱动时,股价信息含量与股价同步性正相关,而中国作为典型的新兴资本市场,其股价同步性应正向反映资本市场的信息效率。在此前提下,结果发现与非金牌董事会秘书相比,更加勤勉尽职的金牌董事会秘书显著提高了上市公司的股价同步性,而随着证券分析师关注度的提高以及机构投资者持股比例的增加,金牌董事会秘书对股价同步性的正向影响关系逐渐减弱。这些结果表明,董事会秘书能够提升上市公司的信息透明度,进而提升资本市场效率。

而在审计师维度,史永(2013)研究审计师选择的动因及其对信息披露质量与股价同步性之间相关性的影响。研究结果表明,上市公司通过聘用高质量的审计师,向市场传递积极信号,将增强信息披露质量与股价同步性之间的相关关系。刘继红(2019)从股价同步性角度,验证了高管的审计师工作经验和事务所关联关系的作用。结果发现,高管的审计师工作经验有利于公司异质性信息的产生,导致更小的股价同步性波动;相反,事务所关联不利于异质性信息的产生,最终导致更大的股价同步性波动。高增亮、张俊瑞和胡明生(2019)检验了审计师行业专长对股价同步性的影响。研究发现:审计师行业专长(事务所层面、审计师个人层面)与股价同步性显著负相关;进一步研究发现,具备行业专长的审计师对盈余管理等机会主义行为的抑制是上述关系的内在机制;此外,部分审计师个人特征对主要结果具有显著的调节作用。

在政府层面,唐松、胡威和孙铮(2011)较早以民营企业为对象,对政治关系与股票价格的信息含量即股价同步性之间的关系进行了实证检验。检验结果发现,有政治关系的公司的股票价格同步性显著较高,并且这种正相关关系只在市场化程度较低、政府干预较多以及法制水平较差的地区存在。进一步区分发现,代表委员类政治关系显著提高公司的股价同步性,而政府官员类政治关系对股价同步性的影响不显著。陈冬华和姚振晔(2018)以我国产业政策实施的影响为切入点,发现在特定条件下,政府行为也可能会减小股价同步性波动,提高股价中公司特质信息的含量。研究表明:获得产业政策支持的企业股价同步性下降,重点支持的企业更加明显;这种效应主要存在于分析师较多、机构投资者较多及媒体报道较多的企业中,机构投资者的信息作用主要依赖于证券投资基金、社保基金、保险基金、证券公司等，而合格的境外投资者作用不明显。政府行为与股价同步性的研究有助于深入理解中国证券市场的信息传递机制。

第四节 本章小结

股价同步性作为 21 世纪以来资本市场上的热门研究话题，不断涌现新的理论、新的方法和新的研究思路。学者们通过跨学科的交叉与融合，在有效市场假说和信息不对称理论、行为金融理论、法与金融以及公司治理等理论的引导下，对 R^2 的度量与经济含义、股价同步性的影响因素与经济后果展开了富有成效的研究。关于 R^2 的研究既令人着迷，也令人迷惑。回顾对 R^2 的研究诞生、短暂沉寂与再度勃兴，本章从股价同步性的经济含义与度量、影响因素和经济后果三个维度对现有丰富的研究文献进行了梳理与归纳。

关于股价同步性研究的争执与碰撞的矛盾根源在于对 R^2 生成机理与经济含义认识上的差异。一类研究沿着信息含量的思路发展提出信息观，这与有效市场理论相契合；而另一类研究则沿着市场噪声与投资者情绪的思路提出噪声观，符合行为金融学的解释。两类研究最终形成关于 R^2 经济含义的针锋相对的两大学派。前者认为 R^2 的高低反映出股价中的公司特质信息含量的多少；后者相信 R^2 反映的是股票收益中的噪声或者投资者与公司基本面无关的非理性行为。相较之下，关于股价同步性的度量则相当一致，基本采用资本资产定价模型（CAPM）或其修正模型的拟合系数 R^2 作为衡量股价同步性的指标。

绝大多数研究聚焦于 R^2 的影响机制与经济后果两大方面，尤以前者为多。关于 R^2 经济后果的研究大多从宏观层面出发，且早期探讨较多。学者们的研究也从最初的跨国比较转向单一国家公司层面的研究，从产权保护的视角扩展到公司透明度的视角；对经济后果的全面考察涵盖了资产定价效率、市场信息效率、资源配置效率、经济增长等诸多方面。本章则主要从股价信息含量、资本市场效率和公司治理三个方面进行分类梳理，研究结果综合表现为：股价同步性反映出公司特质信息含量的多少，股价同步性波动会破坏资本市场的资源配置功能，较小的股价同步性波动可以增进公司治理制度安排的效率。

关于股价同步性影响因素的研究成果极为丰富：既有从宏观层面研究产权保护水平、法制环境、会计制度、文化等如何对整个市场产生影响，进而影响股价同步性波动；也有从微观层面分析企业股权结构、信息透明度和财务特征等对股价同步性的影响。本章主要分成投资者法律保护、公司治理、信息披露和利益相关者四个方面对文献进行归纳。首先从历史演进的视角看待产权保护机制的影响，继而对公司治理的各维度，包括内部的控股股东、股权结构与股权制衡，外部的社会审计与政府监管逐一进行梳理。在信息披露方面，既有对会计信息质量与股价同步性的研究，也有对信息披露规定、客户信息与环境信息披露等因素的分析，还包括分析师和新闻媒体作用股价同步性的机理分析。最后的利益相关者因素包括机构投资者、公司董事、审计师、政府、媒体和分析师等，其中对分析师与机构投资者的结论还存在不一致的地方。

第三章
中国证券市场和上市公司相关制度背景

回顾自改革开放以来的发展，中国证券市场从无到有，上市公司由少到多，各项法律法规制度基础和基础设施不断完善，在社会主义市场经济制度建设与改革中发挥了重要作用，在国际金融资源配置中正在成为重要的国家核心竞争力。股价"同涨同跌"既是中国资本市场的一种典型现象，也与公司微观层面的诸多特征紧密关联。因此，阐述相关制度背景是本书进行理论研究和实证分析的逻辑起点与现实基石。本章主要对我国转型经济时期证券市场和上市公司的制度背景进行介绍。

第一节 我国证券市场的制度背景

一、我国证券市场发展进程的回顾

从20世纪70年代末期开始实施的改革开放政策，启动了中国经济从计划体制向市场体制的转型。在转型过程中，国有企业改革的逐步深化和中国经济的持续发展，需要与之相适应的金融制度，资本市场应运而生。从1979年到2007年，我国证券市场萌生、起步、发展，走过了一些成熟市场几十年，甚至是上百年的道路，逐渐成长为一个在法律制度、交易规则、监管体系等各方面与国际通行原则基本相符的市场。

根据中国证券监督管理委员会（以下简称"证监会"）在2008年发布的《中国资本市场发展报告》，回顾改革开放以来中国资本市场的发展，大致可以划分为三个阶段：第一阶段（1978~1992年），中国经济体制改革全面启动后，伴随股份制经济的发展，中国资本市场开始萌生；第二阶段（1993~1998年），以中国证监会的成立为标志，资本市场纳入统一监管，全国性资本市场开始形成并逐步发展；第三阶段（1999~2007年），以《证券法》的实施为标志，中国证券市场的法律地位得到确立，各项改革得到进一步推进和发展。

(一) 中国资本市场的萌生阶段（1978~1992 年）

从 1978 年 12 月党的十一届三中全会召开起，经济建设成为国家的基本任务，促使中国的资本市场开始萌生。

1. 股份制改革和股票的出现

从 1978 年开始，部分地区兴办了一批合股经营的股份制乡镇企业，成为改革开放后股份制经济最早的雏形。20 世纪 80 年代初，城市一些小型国有和集体企业也开始进行了多种多样的股份制尝试，最初的股票开始出现。1986 年后，越来越多的企业，包括一些大型国有企业纷纷进行股份制试点，半公开或公开发行股票，股票的一级市场开始出现。这一时期股票一般按面值发行，且特点类似于债券；发行对象多为内部职工和地方公众；发行方式多为自办发行，没有承销商。

2. 证券流通市场和交易所的出现

随着证券流通的需求日益强烈，股票和债券的柜台交易陆续在全国各地出现。1986 年 8 月，沈阳市信托投资公司率先开办了代客买卖股票和债券及企业债券抵押融资业务；9 月，中国工商银行上海静安证券业务部率先对飞乐音响和延中实业的股票进行柜台挂牌交易，这意味着股票二级市场的雏形开始形成。上海证券交易所和深圳证券交易所于 1990 年 12 月先后开始营业。交易所早期的会员主要为信托投资公司和证券公司。1991 年 4 月 4 日，深交所开始发布深证综合指数。1991 年 7 月 15 日，上交所开始发布上证综合指数。

3. 证券中介机构的出现

伴随着一、二级市场的初步形成，证券经营机构的雏形开始出现。1987 年 9 月，中国第一家专业证券公司——深圳特区证券公司成立。1988 年，为适应国债转让在全国范围内的推广，中国人民银行下拨资金，在各省组建了 33 家证券公司。同时，财政系统也成立了一批证券公司。这些机构是中国最早的证券公司。

4. 初期的市场缺乏规范和监管

股份制改革起步初期，股票发行缺乏统一的监管。为扩大发行，有些企业甚至采用各种优惠措施来促销其股票，导致股票发行市场变得非常混乱。由于初期股票发行数量有限，于是大量投资者涌向深圳和上海购买股票，股票发行出现供不应求的局面。这就导致内部交易和私自截留等各种舞弊行为的发生。此时，资本市场的进一步发展迫切需要规范的管理和集中统一的监管。

（二）全国性资本市场的形成和初步发展（1993～1998年）

1992年10月，国务院证券管理委员会和中国证监会成立，标志着中国资本市场开始逐步纳入全国统一监管框架，全国性市场由此形成并初步发展。在监管部门的推动下，中国资本市场建立了一系列的规章制度。

1. 统一监管体制的建立

1992年5月，中国人民银行证券管理办公室成立，成为最早对证券市场实施统一监管的机构。1992年7月，国务院建立国务院证券管理办公会议制度，代表国务院对证券业行使管理职能。1992年10月，国务院设立国务院证券委员会和中国证券监督管理委员会（以下简称"证监会"）。12月，国务院发布《关于进一步加强证券市场宏观管理的通知》，确立了中央政府对证券市场统一管理的体制。1998年4月，国务院证券委员会撤销，其全部职能及中国人民银行对证券经营机构的监管职能同时划归中国证监会。中国证监会成为全国证券期货市场的监管部门，集中统一的证券期货市场监管体制形成。

2. 资本市场法规体系的初步形成

中国证监会成立后，颁布了一系列证券期货市场的法规和规章。1993年4月颁布《股票发行与交易管理暂行条例》；6月颁布《公开发行股票公司信息披露实施细则》；8月发布的《禁止证券欺诈行为暂行办法》和10月颁布的《关于严禁操纵证券市场行为的通知》，对禁止性的交易行为做了较为详细的规定。1994年7月实施的《公司法》为股份制企业和资本市场的发展奠定了制度性基础。

监管机构还陆续出台了一系列规范证券公司业务的管理办法，主要包括《证券经营机构股票承销业务管理办法》和《证券经营机构证券自营业务管理办法》，以及1997年11月发布的《证券投资基金管理暂行办法》。一系列法律法规和规章的颁布实施使资本市场的发展走上规范化轨道，为相关制度的进一步完善奠定了基础。

3. 股票发行审批制度的建立

在市场创建初期，为防止一哄而上以及因股票发行引起投资过热，监管机构采取了额度指标管理的审批制度，即将额度指标下达至省级政府或行业主管部门，由其在指标限度内推荐企业，再由中国证监会审批企业发行股票。由于发行人、投资者和中介机构等市场参与者发展尚不成熟，也由于机构投资者的缺失，股票基本上根据每股税后利润和相对固定的市盈率来确定发行价格。

4. 证券交易所的建设与发展

上海证券交易所和深圳证券交易所逐步开始实现无纸化交易，实行集中竞价交易、电脑撮合和集中过户，市场透明度和信息披露有了显著提高，交易成本和风险大大降低。登记结算公司也建立了无纸化存托管以及自动化的电子运行系统。为了降低股价的剧烈波动，证监会决定从1996年12月开始在上交所、深交所实行10%的涨跌停板制度。随着集中监管体系的建成和上海、深圳交易所市场的建立，上市公司数量、总市值和流通市值、股票发行筹资额、投资者开户数、交易量等都进入一个较快发展的阶段。[①]

5. 证券中介机构迅速发展

1992年，华夏、南方、国泰三家全国性证券公司成立。此后，证券公司数量急剧增加，股东背景基本上都是银行、地方政府和有关部委，其业务包括证券承销、经纪、自营和实业投资等。此外，信托投资公司也都兼营证券业务，商业银行也参与国债承销和自营。到1998年底，全国有证券公司90家，证券营业部2 412家。从事证券业务的会计师事务所107家，律师事务所286家，资产评估机构116家。[②]

6. 证券投资基金的出现和规范

从1991年开始，出现了一批投资于证券、期货、房地产等市场的基金，它们依托于地方政府或银行分支机构，向公众募集资金，到1996年底共有78只，均为封闭式基金，总规模约66亿元，投资范围涵盖证券、房地产和资金拆借，其中房地产投资占相当大的比重，流动性较低。[③] 有的基金在交易所挂牌交易，往往成为投机炒作的对象，给市场造成了一定的混乱。1997年11月，《证券投资基金管理暂行办法》颁布，规范证券投资基金的发展，同时开始对原有基金进行清理。

7. 对外开放

为了吸引国际资本，中国于1991年底推出人民币特种股票（B股）试点，

[①②③] 中国证监会2008年发布的《中国资本市场发展报告》。

投资者为境外法人或自然人。至1998年底，B股共筹资616.3亿元人民币。[①] B股公司按照国际惯例运作，促进了中国资本市场在会计和法律制度以及交易结算等方面的改进。但随着H股、N股以及红筹股的上市，B股市场功能大大减弱。

1993年6月，中国境内企业开始试点在香港上市，此后扩展至在美国、伦敦、新加坡等海外证券市场发行上市。海外上市拓宽了融资渠道，使中国的证券界开始了解国际成熟资本市场的业务规则；同时国际投资者加强了对中国的了解。

(三) 资本市场的进一步规范和发展 (1999~2007年)

在这一阶段，1999年《证券法》的实施及2006年《证券法》和《公司法》的修订，使中国资本市场在法制化建设方面迈出了重要的一步。国务院《关于推进资本市场改革开放和稳定发展的若干意见》的出台标志着中央政府对资本市场发展的高度重视。股权分置改革等一系列基础性制度建设使资本市场的运行更加符合市场化规律。合资证券经营机构的出现和合格境外机构投资者等制度的实施进一步推动了中国资本市场的对外开放和国际化进程。中国资本市场也在2006年出现了转折性的变化。

1. *资本市场法律和执法体系逐步完善*

1999年实施的《证券法》，是中国第一部调整证券发行与交易行为的法律。为了适应经济和金融体制改革不断深化及资本市场发展变化的需要，2006年，修订后的《证券法》和《公司法》同时实施。2004年，中国证监会改变跨区域监管体制，实行按行政区域设监管局，并初步建立了与地方政府协作的综合监管体系。中国证监会在各证监局设立了稽查分支机构，2002年增设了专司查处市场操纵和内幕交易的机构，中国公安部设立证券犯罪侦查局，与中国证监会合署办公，负责侦查证券犯罪。2007年，设立了中国证监会行政处罚委员会、首席稽查办公室和稽查总队，增加了各地证监局的稽查力量。从制度上形成调查与处罚权力的相互制约机制。

2. *资本市场的规范和发展*

资本市场发展过程中积累的遗留问题、制度性缺陷和结构性矛盾也逐步开

---

① 中国证监会2008年发布的《中国资本市场发展报告》。

始显现,包括:股权分置问题;上市公司改制不彻底,治理结构不完善;等等。为了积极推进资本市场改革开放和稳定发展,国务院于2004年1月发布了《关于推进资本市场改革开放和稳定发展的若干意见》。此后,中国资本市场进行了一系列的改革,完善各项基础性制度,主要包括实施股权分置改革、大力发展机构投资者、改革发行制度等。经过这些改革,资本市场出现转折性变化。

3. 多层次市场体系和多样化产品结构的探索

为丰富资本市场层次,深圳证券交易所于2005年5月先行设立中小企业板,截至2007年底,已有202家公司在中小企业板上市。为妥善解决原STAQ系统、NET系统挂牌公司流通股的转让问题,中国证券业协会于2001年设立了代办股份转让系统,此后该系统承担了从上海证券交易所、深圳证券交易所退市公司的股票流通转让功能。中小企业板市场的推出和代办股份转让系统的出现,标志着中国在建设多层次资本市场体系方面迈出了重要的一步。

4. 对外开放不断推进

对外开放促进了中国资本市场的发展和发展壮大。截至2006年底,中国已全部履行了加入世界贸易组织时有关证券市场对外开放的承诺。一方面,允许设立合资证券期货经营机构。截至2007年底,中国共有7家中外合资证券公司,28家中外合资基金公司,有4家外资证券机构驻华代表处成为上海证券交易所、深圳证券交易所特别会员,有39家和19家境外证券机构分别在上海证券交易所、深圳证券交易所直接从事B股业务。[①]

另一方面,于2002年12月实施允许经批准的境外机构投资者投资于中国证券市场的QFII制度。截至2007年底,已有52家境外机构获得QFII资格。中国于2006年5月实施允许经批准的境内机构投资于境外证券市场的QDII制度。截至2007年底,有15家证券投资基金管理公司和5家证券公司获得QDII资格。[②] 此外,中国继续推进大型国有企业集团重组境外上市,允许符合条件的外商投资股份公司在境内发行上市和允许外商战略投资A股上市公司,并与境外证券期货监管机构加强国际合作。[③]

[①][②][③] 资料来源:中国证监会2008年发布的《中国资本市场发展报告》。

二、我国证券市场发展的现状

经过几十年的探索，中国证券市场各项制度更加完善，证券市场发展迅速。据统计，截至 2018 年 12 月底，我国境内上市公司数量达到 3 548 家，总市值 43.5 万亿元。2018 年全年资本市场共实现融资 7.1 万亿元，其中完成 IPO 融资 1 378 亿元，再融资约 1 万亿元。新三板、区域性股权市场分别实现融资 604 亿元和 1 783 亿元。交易所债券市场发行各类债券 5.69 万亿元，同比增长 45%，并购重组交易金额达 2.58 万亿元，同比增长 38%。①

但与境外成熟资本市场相比，仍然存在相当的差距。中国证券市场未来的发展依旧面临着严峻的挑战。2019 年 2 月，证监会对资本市场改革发展的最新情况进行了如下归纳：

（一）多层次资本市场体系逐步建立和完善

2009 年 10 月创业板的推出标志着多层次资本市场体系框架基本建成。2010 年 3~4 月，融资融券和股指期货的推出为资本市场提供了双向交易机制。2013 年 12 月，新三板准入条件进一步放开，新三板市场正式扩容至全国。2014 年 5 月，证监会印发《关于进一步推进证券经营机构创新发展的意见》，就进一步推进证券经营机构创新发展，建设现代投资银行、支持业务产品创新、推进监管转型 3 部分提出了 15 条意见。继创业板成立后，2019 年 6 月又迎来科创板的正式开板。科创板由国家主席习近平于 2018 年 11 月在首届中国国际进口博览会开幕式上宣布设立，是独立于现有主板市场的新设板块，其关键特征是在板块内进行注册制试点。发布修订后的《上市公司治理准则》，强化上市公司履行社会责任等方面的引领作用。发布《关于支持上市公司回购股份的意见》，改革退市制度，完善重大违法强制退市主要情形。

---

① 详见 2019 年 2 月 27 日，证监会在国务院新闻发布会上发布的《资本市场改革发展情况介绍》。

(二) 法治建设和依法监管取得积极成效

2018年9月,中国证监会提出完善上市公司股份回购制度的修法建议,同年10月26日,全国人大常委会通过了修改《公司法》的决定,对股份回购这一基础性制度进行了专项修订。2018年,证监会向全国人大常委会法制工作委员会报送《证券法》修订立法建议,同时持续推进《期货法》立法研究。2019年12月,《证券法》第二次修订获得通过;2021年5月,人大常委会首次审议《期货法(草案)》,资本市场立法的最后一块"拼图"取得突破。在法治建设取得进步的同时,证监会也在同步加强依法监管,包括:进一步强化以信息披露为中心的上市公司和非上市公众公司监管,规范证券基金期货经营机构股东行为,严厉打击证券期货违法违规行为。2018年,证监会共受理违法违规线索678件,新增立案268件,向公安机关移送114件。共做出行政处罚决定310份,罚没款额首次突破百亿元,市场禁入50人次。[①]

(三) 投资者保护机制更加健全,手段更加丰富

2018年11月,最高人民法院和中国证监会在总结试点工作经验的基础上,联合推动证券期货纠纷多元化解机制在全国正式实施,依法保护投资者的合法权益,维护公开、公平、公正的资本市场秩序。2018年5月,中国投资者网正式开通,作为证监会开展投资者保护工作的综合性载体,它将成为维护中小投资者合法权益的重要信息平台。证监会推出了行政和解、诉调对接、先行赔付、公益机构支持诉讼等多种新型投资者赔偿救济机制,投资者赔偿案件损失计算难问题也取得突破。此外,证监会还通过各种丰富的手段来完善投资者保护机制。例如,开展约1 340多万人次参与的"股东来了"竞赛活动,完成全国股票市场投资者状况调查,成功举办首届中小投资者服务论坛,牵头制定IOSCO全球中小投资者诉求处理与权益救济指引,等等。2018年11月,世界银行发布《2019年营商环境报告》,中国的"保护中小投资者"指标排名从上一年的119位提升至64位,前进了55位。

[①] 详见2019年2月27日,证监会在国务院新闻发布会上发布的《资本市场改革发展情况介绍》。

(四) 市场稳定、市场活力充分被激发

一是证监会加强与中国人民银行、中国银行保险监督管理委员会等的信息共享和监管协同，强化对股市、债市、汇市的联动风险防范，抓牢抓实资本市场新闻宣传和舆论引导，积极为市场平稳运行营造良好的外部环境。二是加强境内外市场全方位实时监测分析，持续做好跨境、跨交易所、跨账户的异常交易及股市杠杆资金的风险监测监控。三是强化一线监管和看穿式监管，完善停复牌制度，大幅压缩停牌期限，规范停复牌行为，让交易更加顺畅；同时，实施资金前端控制制度，防范结算风险，进一步放松股指期货交易限制，优化股指期货运行。

(五) 对外开放迈上新台阶

证券期货行业的对外开放进程加快。证监会出台《证券公司和证券投资基金管理公司境外设立、收购、参股经营机构管理办法》，放宽外资持股比例限制，批复首家外资控股证券公司和外资证券投资基金托管机构。境内外市场互联互通得到深化，A股成功纳入富时罗素和标普道琼斯指数，外国人开立A股账户政策进一步放宽，沪深港通每日额度扩大4倍。积极服务"一带一路"建设，上交所参股的阿斯塔纳国际交易所正式开业，青岛海尔作为首家境内企业到中欧国际交易所发行D股。扩大熊猫债发行试点，全年发行197亿元。开展"一带一路"专项债券试点，共有11家企业发行235亿元。[①]

总之，随着多层次资本市场体系的建立和完善、新股发行体制改革的深化，以及新三板、股指期货等制度创新和产品创新的推进，中国证券市场逐步走向成熟，证券市场为中国经济提供投融资服务等功能将日益突出和体现。

---

① 详见2019年2月27日，证监会在国务院新闻发布会上发布的《资本市场改革发展情况介绍》。

第二节 我国上市公司的内外部治理机制

公司治理机制指的是解决现代公司由于控制权和所有权分离所导致的内部人代理问题的各种机制的总称。公司治理文献把公司治理机制区分为内部和外部两类治理机制。其中，外部治理机制构成了内部治理机制实施的外部制度环境，它包括法律对投资者权力保护、市场竞争、公司控制权市场、媒体作用和税务实施的公司治理角色等；而内部治理机制成为外部治理机制实施的最终体现，它包括大股东监督、董事会和监事会、经理人薪酬合约设计和机构投资者的积极股东角色等内部控制系统。

一、我国上市公司治理机制的概况

(一) 内部治理机制

我国对公司治理的研究从 20 世纪 90 年代开始。1993 年党的十四届三中全会确定了国有企业的改革方向是建立现代企业制度，随后在全国国有大中型企业开展了建立以公司制为核心的现代企业制度的实践。1999 年 9 月，党的十五届四中全会指出，公司法人治理结构是公司制的核心。2003 年 10 月，党的十六届三中全会《中共中央关于完善社会主义市场经济体制若干问题的决定》首次把"完善公司治理"作为深化国有企业改革的首要举措，为深化国有企业的改革、完善国有企业公司法人治理结构指明了方向。2005 年 4 月 30 日中国证监会宣布启动股权分置改革，推动我国上市公司的治理水平得到了进一步的发展。概括而言，我国公司治理制度建设经历了以下几个重要阶段。

第一阶段，双层治理模式的基本构建（1993～2002 年）。1993 年《公司法》规定公司在股东大会下设董事会和监事会两个平行机构，从而形成了"双层治理模式"。监事会被赋予包括监督公司董事、经营权的权利,监事会主要由公司职工或股东代表组成,由于在行政关系上受制于董事会,监督作用难以发挥,导致监事会形同虚设。

第二阶段,独立董事制度的建立和完善(2002~2005年)。2002年,中国证监会联合国家经济贸易委员会发布《上市公司治理准则》,开始在上市公司中强制实施独立董事制度。在2002年之前,虽然个别上市公司也设置了独立董事,但总体来看,独立董事的比例比较低;2002年之后,独立董事制度得到了全面的实施,独立董事比例迅速提高,因而,可以把2002年看作独立董事制度在我国资本市场发挥潜在公司治理作用的开始。

第三阶段,股权分置改革和股票全流通(2005年至今)。"股权分置"是中国经济转轨和资本市场发展过程中出现的特殊现象。由于股权分置,资本流动存在非流通股协议转让和流通股竞价交易两种价格,公司股价难以对大股东、管理层形成市场化的激励和约束,公司治理缺乏共同的利益基础。2005年5月,我国上市公司拉开了股权分置改革的序幕。股权分置改革的完成为公司治理的进一步改善创造了条件,标志着未来中国资本市场的治理将包括公司控制权市场等在内的市场监督。

(二)外部公司治理机制

外部公司治理机制存在以下问题。

1. 产品市场竞争机制不健全

产品市场发挥作用的前提是必须维持产品市场的竞争性,杜绝不公平的竞争行为。但是,由于一些原因,我国产品市场中存在相当严重的垄断现象。一个特有的现象是行政性垄断,即地方政府行政机关和国家经济管理部门凭借其经济管理权力,对经济活动进行排他性控制、排斥和限制竞争的行为。同时,经济性垄断也大量出现并有蔓延之势,企业集团、企业甚至个人为获得垄断利润、维持垄断地位,运用种种手段排斥、限制和妨碍竞争。因此,由于行业垄断以及市场竞争的不公平,产品市场作为外部监控机制的作用受到很大的削弱。

2. 职业经理人市场严重发育不足

目前我国缺乏有效的职业经理人市场,通过市场竞争机制选拔公司经理层的方式还未得到普遍接受,由于在任的经理不会受到潜在的替代威胁,导致代理权竞争的外部治理失效。另外，经理人员通常由控股股东委派，上市公司经理基本上源于企业内部，人才提拔的行政力量往往高于市场力量。因此，我国的经理人市场尚未具备成为公司治理外部监控机制的条件。

3. 控制权市场发展相对滞后

日益活跃的收购和接管活动已经开始在改善上市公司的治理结构方面发挥一定作用。1993 年 9 月深圳宝安集团收购延中实业，是中国证券市场并购的首宗案例。1996 年以前，证券市场上的接管活动很少，多在二级市场进行。从 1997 年开始，上市公司股权转让急剧增加，特别是非流通股的协议转让或划拨成为上市公司控制权转移的主要方式。1998 年之后，上市公司控制权转移活动呈现蓬勃发展的趋势，从数量上看，中国控制权市场已经基本形成。但是，中国上市公司控制权转移绝大部分是通过国家股和法人股的转让形式实现，通过二级市场集中竞价获得公司控制权的案例很少，这是由于政府为了保证在上市公司中的控股地位从而严格限制国家股的转让。很多并购行为并非市场化行为，而是政府行政干预的结果。A 股、B 股、H 股三个市场的分割也影响了接管市场的有效程度。总体而言，我国的接管市场仍未形成足够的规模，有效地发挥外部公司治理的作用仍需时间。

4. 债权人的相机治理不到位

从银行等债权人的情况来看，其外部监督力量也是薄弱的。由于银行既不能拥有公司的产权，又没有事前、事中和事后的监督机制与能力，使其无法对贷款企业进行有效的监督。

5. 中介机构功能缺失

从我国的情况来看，会计师事务所、律师事务所、投资银行、证券交易所是利益相关者，这些环节的外部监督都比较薄弱。此外，我国会计师事务所、律师事务所等中介机构由于发展不规范，频频出现与上市公司合谋作假账，披露虚假信息的行为，不仅没有起到外部监督作用，反而成为上市公司违规的"帮凶"。

二、我国上市公司董事会治理的发展及现状

自我国资本市场建立至今，我国上市公司的董事会治理结构有显著改进。

（一）上市公司董事会治理的发展

董事会是在现代企业制度中具有核心作用的组织。1993 年颁布的《公司法》要求股份有限公司需设立由 5~19 人组成的董事会，董事长是公司的法定代表人。截至 1997 年，我国多数上市公司实行了董事会领导下的总经理负责制，但董事会治理机制不够完善。2001 年 8 月，中国证监会开始在上市公司全面推行独立董事制度。2005 年，新的《公司法》规定所有的上市公司应当设立独立董事和董事会秘书。

董事会人数在 4~23 人，董事会的平均人数在 9~10 人。近年来，女性董事比例有增大趋势，年轻化和多样化趋势明显。董事长和总经理两职合一的情况呈现逐年减少的趋势。独立董事比例随着董事会变革要求而逐年呈现上升趋势，其发表意见次数在股改期间增加明显。董事会专门委员会的设立状况逐年改进。董事会会议次数逐年递增，而董事缺席或委托出席会议的次数则逐年减少。上市公司每年董事会会议的次数在 2~30 次，平均召开 6~9 次。从治理效应来看，我国上市公司的治理水平并未因设立独立董事制度而得到显著提高，这与我国独立董事制度实施的具体背景相关。

上市公司尝试建立董事会下属委员会制度，主要设立的机构是审计委员会，但从运行情况看，主要还是遵循上市公司审计部的工作模式，其独立性较弱，因此难以切实保护广大中小股东的权益。

（二）上市公司董事会治理的现状

由于董事会治理常常止于形式，控股股东与中小股东、内部董事和外部董事、董事会和监事会、董事会与经理层之间相互制衡的局面尚未完全形成，董事会治理水平较差的状况也没有得到根本改变。马传刚（2020）、李必峰（2019）和仲继银（2021）等学者，从以下方面对我国上市公司董事会治理的现状进行了总结：

1. 董事会规模与结构

现有一个常见的现象就是"九人"董事会，原因是容易满足 3 名独立董事占比 1/3 的最低要求。相比中小型公司，市值较大的公司更趋向于建立大规模的董事会。根据亚洲公司治理协会（2019）的统计，2012~2015 年，深市主板上市公司的董事会平均人数是 8.87 人，而中小板和创业板的董事会平均人数是 8~10 人，至 2018 年 5 月，我国上市公司中拥有"九人董事会"的公司比例已经攀升到 46%。而根据德勤 2016 年的研究，同年我国 A 股上市公司当中女性董事的比例是 10.7%，较 2015 年提升 2.2%，而女性董事长的比例仅为 5.4%。

2. 国有企业董事会

从 1994 年开始实施《公司法》，到 2003 年央企董事会试点，以及 2018 年的国有资本投资、运营公司试点，国企董事会的治理作用逐步得到重视。在国有或国有控股公司中，董事长由有关部门指定，大型国有公司总裁也是由有关部门直接任命。因此，国企的董事长或总裁在很大程度上可能独立于董事会存在。

国有企业董事会需要处理好与党委的关系。目前我国国有企业党委会参与企业的重大事项决策主要为"三重一大"，即重大决策事项、重大项目安排事项、重要人事任免事项、大额度资金运作事项。中共中央、国务院 2015 年 8 月发布的《中共中央、国务院关于深化国有企业改革的指导意见》中进一步提出，国有企业党组织在公司治理中的法定地位更加巩固，政治核心作用充分发挥。目前国有企业的惯常做法是"双向进入、交叉任职"：党委中 2~3 人进入董事会，在企业经营过程中将党委会与董事会有机结合，推行市场化企业治理的同时落实"党管干部"（李必峰，2019）。

3. 专门委员会制度

中国公司在董事会的委员会设置方面基本都能做到，特别是审计、薪酬和提名三个委员会的设置情况比较好。但在实际运作到位方面还有待改进，这背后的主要原因是董事会本身的运作还没有完全到位。截至 2012 年，88% 以上的上市公司均设立了提名委员会，专门审查董事候选人的资质。但在实际中，提名委员会的作用基本上是程序性的。在控股股东提名董事候选人之后，由提名委员会做形式审查，并提交董事会审议批准。大多数上市的国有企业都在董事会下设有战略委员会，而该专业委员会制订战略的权力却受限于所在行业的规划，尤其是像能源和资源之类的重要行业。

4. 独立董事

在我国绝大多数上市公司中，独立董事在董事会中仍占少数，这一定程度上影响了独立董事制衡作用的发挥。由于许多独立董事都来自学术界或者政府，因此缺乏对所在上市公司业务、行业、市场以及运营情况的深入理解。从表面上看，公司选出的独立董事具有独立性；实际上，独立董事仍与老板或实际控制人有某种特殊关系，或者是同学、朋友，或者是曾经的同事、合作伙伴等。目前，大量独立董事每年 3～5 万元的津贴标准显然较低，这会导致激励效果不足。亚洲公司治理协会（2019）指出，根据一项基于 2005～2014 年数据的实证研究显示，我国上市公司在外部独立董事薪酬决定方面存在显著的"互相看齐"现象，即无论是国有还是私营，独立董事的薪酬都接近市场平均水平。总体上，独立董事的本色尚未完全显现出来，其表现尚不尽如人意。

5. 董事会运行机制

累积投票制和网络股东大会有利于加深中小股东对董事会的控制权。在 2015 年康佳公司股东大会的董事选举中，中小股东推荐的董事候选人顺利当选，其中累积投票制和网络投票就发挥了重要作用。在证监会的推动之下，累积投票和网络股东大会已在我国上市公司中得到了较为普遍的运用。但由于股权集中度普遍较高，我国上市公司对分类董事的需求不大。

2001 年，中国证监会提出上市公司可以建立独立董事责任保险制度，2002 年发布的《上市公司治理准则》将该制度的适用范围扩大到了全体董事。但是实践中，我国上市公司购买董事责任保险的比例还很低。另外，董事会评价体系仍然处于发展的初期阶段，且缺少对董事会整体运作情况及其构成是否合理的评价。未来上市公司应开展对董事会整体及对董事个人的评价，这也有利于不断提高董事会的治理水平。

三、我国产品市场竞争的特征与现状

不同的产业是在不同程度的政府控制下进入市场进行竞争的，这与纯粹市场竞争的自发形成有本质的不同。此外，加上我国正处于转型经济的时代背景以及当前的政治经济环境之下，都使得我国的产品市场竞争表现出自身独有的一些特征。

（一）我国产品市场竞争的相关制度

经过 20 多年的经济体制改革，市场"看不见的手"的调节作用越来越突出。2007年8月30日通过并于2008年8月1日实施《中华人民共和国反垄断法》。中国加入世界贸易组织（WTO）后，随着境外厂商的产品和服务更多地进入中国市场，中国企业面临的市场竞争也愈加激烈，但不同产业所受到的影响程度是不同的。《反垄断法》与《反不正当竞争法》共同组成中国竞争政策的基本框架，形成中国的市场竞争规则。

（二）我国产品市场竞争的特征

在我国经济转型时期，垄断壁垒主要源于市场和行政的双重力量，综合表现为行政垄断和地区垄断。地区垄断使得企业一旦建立起来，就处在地方政府的保护之中，为了地方的利益，政府往往通过行政手段阻止其他区域企业的进入。

不同类型市场开放顺序不同。产品市场首先放开，而要素市场严重滞后，特别是一些资源型投入品的价格长期不放开。因此建立隶属于自己的资源利用型企业，就成为地方政府将其可控制的资源转化成就业和收入的流行选择。各类企业竞争地位不平等，使产品市场竞争不能发挥优胜劣汰的作用，企业间效率水平差别明显。

（三）我国产品市场竞争的表现

在我国，转型经济下产品市场竞争的特征主要表现为以下几方面：

（1）行政性与经济性垄断的存在。由于行政性垄断和经济性垄断的存在，在我国，部分行业，特别是一些垄断行业中，经济效益低下，存在着竞争不足的现象。许多需求弹性小的行业，缺乏必要的竞争。

（2）竞争具有集中化的趋势。总体来看，在我国经济体制由计划经济向市场经济转轨的渐进式改革过程中，产业的集中化导致产品市场竞争行为出现集中化的趋势。

（3）部分产业内存在过度竞争现象。我国产品市场目前存在一定程度的无序和混乱现象。当某一产业具有较为丰厚的利润时，导致进入产业的企业过多，爆发惨烈的"价格战"，使得这些产业内存在过度竞争现象。

（4）产品差异化程度不足。目前，价格因素成为产品购买决策过程中消费者所考虑的主要因素，企业为了争夺有限的市场，不得不进行惨烈的恶性竞争。

（5）民营企业与国有企业存在差异性竞争。对于民营企业而言，由于其面临的市场竞争状况与国有企业存在着巨大的差别，自其诞生之日起就经受着激烈的市场竞争的洗礼，时刻面临着市场竞争的巨大压力。民营企业能否在市场上存续和发展，相当程度上依赖于经理人员决策水平的高低。因此，民营企业有充分的动力去提高公司治理水平。

第三节 我国证券市场投资者的发展及特征

一、我国个人投资者的发展及特征

大量个人投资者充当证券市场投资主体是中国证券市场的一大特色，中国资本市场的投资者结构不合理，机构投资者规模偏小，个人投资者尤其是中小个人投资者比例偏高。

1. 个人投资者的统计数据

目前我国证券市场已进入发展的新阶段，市场规模迅速扩大。截至2009年底，深圳证券交易所投资者开户数为8 570.75万户，比上年同期增加14.1%；其中机构开户数28.15万户，个人投资者开户数8 542.6万户（见表3-1）。

表3-1　　深圳证券交易所投资者总户数（2002~2009年）　　单位：万户

	2002年	2003年	2004年	2005年	2006年	2007年	2008年	2009年
个人总户数	3 317.08	3 386.56	3 485.95	3 558.75	3 844.08	6 876.63	7 550.54	8 542.6
机构总户数	14.12	14.84	15.44	15.99	17.37	23.16	24.86	28.15
合计	3 331.2	3 401.4	3 501.39	3 574.74	3 861.45	6 899.8	7 575.4	8 570.75

资料来源：宋丽萍主编：《深圳证券交易所市场统计年鉴2009》。

截至2009年底，上海证券交易所投资者开户数8 965.43万户。其中，A股账户数为 7 255.03 万户；B 股账户数为 150.33 万户；基金账户数为 1 560.07 万户。从投资者的订单成交情况来看，绝大部分属于个人投资者；机构投资者提交的订单仅占 7.6%，成交订单仅占 7.4%，但 2008 年与 2007 年相比，有显著提高。①

截至 2009 年底，上海证券交易所投资者的年龄分布中，30 岁以下及 30~40 岁的投资者合计占比为 65.63%，50 岁以上的投资者约为 13.92%，与以往相比，投资者的年龄结构更趋年轻化（见表 3-2）。

表 3-2　　　　上海证券交易所投资者年龄分布（2009 年）

年龄段	30 岁以下	30~40 岁	40~50 岁	50~60 岁	60 岁以上
人数	1 943.63	2 075.19	1 252.65	523.94	328.54
比例（%）	31.74	33.89	20.45	8.56	5.36

资料来源：上海证券交易所编：《上海证券交易所统计年鉴（2009 卷）》，上海人民出版社 2009 年版。

截至 2009 年底，上海证券交易所投资者的学历分布为中专及以下学历占 57.44%，本科及以上学历仅为 17.17%，整体上，投资者的知识能力偏低，这可能是导致我国证券市场噪声交易严重的重要原因。投资者中男性比例为 54.63%，显著高于女性投资者。

表 3-3　　　　上海证券交易所投资者学历与性别分布（2009 年）

	年龄段					性别	
	中专以下	中专	大专	大学本科	硕士及以上	男	女
人数	1 888.35	1 482.62	1 489.64	757.15	250.8	3 345.46	2 778.18
比例（%）	32.18	25.26	25.38	12.9	4.27	54.63	45.37

资料来源：上海证券交易所编：《上海证券交易所统计年鉴（2009 卷）》，上海人民出版社 2009 年版。

2. 证券市场个人投资者现状

调查显示，我国证券市场上的个人投资者以中低等收入的工薪阶层为主，

---

① 上海证券交易所编：《上海证券交易所统计年鉴（2009 卷）》，上海人民出版社 2009 年版。

家庭主要经济来源为工资收入，参与证券市场的时间普遍较短，证券投资意愿很强，希望通过财产性收入和资本性收入使自己的收入多元化，但投资经验相对缺乏，股市投入占家庭金融资产比例较大，这充分说明我国个人投资者的抗风险能力很弱，投资者对投资股市的行情有强烈的依赖性。

而绝大多数个人投资者的股票投资知识来自非正规教育，主要通过亲朋好友的介绍、股评专家的讲解以及报刊、期刊的文章等获得，在做投资决策时，投资者大多依据"股评推荐""亲友引荐"以及"小道消息"，在投资决策的方法上，20%以上的个人投资者决策几乎不做什么分析，而是凭自己的感觉随意或盲目地进行投资。投资者进行投资决策时过于看重自己知道的或容易得到的信息，而忽视对其他信息的关注和深度挖掘。大多数投资者在评价投资失误时，往往将失误归咎于外界因素，如国家政策变化、上市公司造假以及庄家操纵股价等，而只有少数个人投资者认为是自己的投资经验或投资知识不足，大部分投资者对新出现的金融品种如开放式投资基金的认知程度有限，这种情况导致了投资者投资风险的放大。

3. 个人投资者的心理与行为

我国证券市场投资者短期行为比较明显。我国很多证券投资者入市并不是看重上市公司真实的投资价值，而是企图从中获取超额回报。绝大多数投资者入市的主要原因是通过股票的买卖价差而获利，这类人群多是为赚取买卖差价进行短线操作；只有少数投资者进入股市是为了获得公司分红收益，或是把股市看成是一个长期投资场所。更多的投资者是短线投资、投机，而没有把股票作为长期的投资，股票价格的剧烈波动诱发了这部分人的赌博心理，盲目追求短期利益。

由于证券投资者容易产生羊群效应，使这种市场短期行为具有很强的蔓延性，从而极大地加重了投资者孤注一掷的心理，一旦认为找到了机会，就会过高地估计自己的能力，置自己的风险承受能力不顾，冒险参与高风险的证券投资活动。高比例的企图赚取短期收益的群体的存在是一个十分危险的信号，这也是我国证券市场波动剧烈的重要原因之一。

根据深交所、上交所的统计数据，我国的投资者主要以短线投资为主，缺乏真正的长期投资者。与境外成熟市场相比，投资者平均换手率偏高。与机构投资者相比，个人投资者尤其是中小个人投资者更偏向于持有和交易小盘股、低价股、绩差股和高市盈率股，持股时间较短、交易较为频繁。杨朝军等（2009）研究结果表明，个人投资者是市场流动性的主要供给者，个人投资者买卖行为对流动性产生正的效应，投资者结构是影响市场流动性的重要因素。

李心丹等（2001）在其主持的上证联合研究计划第三期课题报告中表明，影响我国投资者行为的外因主要有宏观环境因素、政策及市场因素、信息获取因素和上市公司因素，投资者的个体因素则是影响其行为的内因；我国投资者在投资行为上存在诸多的认知偏差，主要有"确定性心理""损失厌恶心理""后见之明""过度自信""过度恐惧""政策依赖性心理""暴富心理""赌博心理""从众心理""代表性偏差""获得性偏差""情感性偏差""锚定心理""选择性偏差""保守性偏差""框架效应"等。这些偏差有的在国外研究中已经发现，有的则具有中国特色。它们对投资者行为交互作用，导致投资者行为常常呈现过度反应的倾向，对投资者的投资产生巨大危害，同时在相当程度上加剧了证券市场的震荡。个人投资者占绝对主体的投资者结构是导致我国证券市场出现大幅波动和投机行为的主要原因。

二、我国机构投资者的发展及特征

近年来，随着我国监管层大力培育机构投资者力量，形成了证券投资基金、社保基金、保险资金、证券公司、QFII、企业年金等专业化投资者共同发展的格局。机构投资者规模稳步扩大，结构不断优化，其投资风格对 A 股市场的影响力也逐步加大。

1. 机构投资者的统计数据

从 1998 年创立到 2009 年，中国基金业经历 11 年的超常规发展，资产管理总规模从 40 亿元到 2.25 万亿元，翻了近 563 倍。据证监会的统计数据，截至 2009 年 10 月，我国共有基金管理公司 60 家，管理资产达 27 306 亿元，其中公募基金 532 只、资产规模 23 188 亿元，社保委托资产 2 997 亿元，企业年金 709 亿元，特定客户资产 412 亿元；基金托管银行 17 家；基金销售机构 115 家。基金持股市值 17 404 亿元，占沪深股市流通市值的 13.29%。全部机构投资者占 A

股流通总市值的比重已超过50%。①

由于境外投资者的成熟度要高于国内的机构投资者，证监会在2003年正式启动QFII，从而打开了外国投资者直接进入A股市场的唯一通道。5月26日，证监会宣布，批准瑞士银行有限公司和野村证券株式会社两家QFII资格②；到年底，共有10家外资机构QFII资格获批。到了2009年9月初，QFII投入A股的资金已达到150亿美元。截至7月底，有86家境外机构获得QFII资格，5家外资银行获准开展QFII托管业务，30家基金公司和9家证券公司获批QDII资格，共设立9家合资证券公司、33家合资基金管理公司，还有113家境外证券经营机构、38家境外资产管理机构和8家境外证券交易所获准设立驻华代表机构。③

2004年保险资金开始获批入市，一向谨慎的保险公司起初选择持币观望，直到2005年才迈出投资A股的第一步，到当年年末，持股总市值达到40亿元。此后，保险资金在市场中不断壮大发展。到2009年中期，保险资金持股市值已经上升至800亿元，较2005年增长了19倍之多，同期A股流通总市值为8.97万亿元，保险资金占A股流通市值的0.89%。④

2010年的数据显示，私募基金正在朝着千亿元规模迈进。投资私募基金已成了资金量大的个人和机构理财的新决策。与此同时，随着私募基金数量日益增多，基金差异加大，如何选择优秀的私募基金进行投资也考验着投资者。

2. 机构投资者的发展阶段

纵观我国机构投资者的发展，大致经历了以下三个阶段：

第一阶段（1990~1997年），机构投资者处于萌芽状态。这个时期的机构投资者以证券公司为主，虽然市场上也有一些基金，但并不是真正意义上的证券投资基金，其规模较小，投资偏于保守，很多是以实业投资为主，证券投资部分比例较小。这些"老基金"在1996年后逐渐处于边缘地带。

第二阶段（1998~2005年），市场调整和机构更替阶段。1998年4月，第一批证券投资基金分别在上交所和深交所上市。2002年12月，合格境外机构投资者制度（QFII）引入中国资本市场。2004年初，国务院发布了《关于推进资

---

① 参见《证券时报》2009年12月3日。
② 资料来源：中国证监会官网。
③ 参见《经济日报》2009年10月14日。
④ 参见《证券日报》2009年9月25日。

本市场改革开放和稳定发展的若干意见》，明确要求大力发展机构投资者。2004年10月，经国务院批准，中国保险监督管理委员会、中国证券监督管理委员会联合发布并实施《保险机构投资者股票投资管理暂行办法》，保险资金首次获准直接投资股票市场。

第三阶段（2006年至今），机构投资者进入快速发展时期，初步形成了以证券投资基金为主，证券公司、信托公司、保险公司、合格境外机构投资者、社保基金、企业年金等其他机构投资者相结合的多元化格局。随着我国机构投资者数量的不断增加、投资规模的扩大以及整体质量的提高，证券市场投资主体的机构化日益明显。

3. 机构投资者的优势

在我国资本市场中，由于信息披露制度不完善，上市公司与投资者的信息不对称程度较高。中国资本市场中机构投资者与个人投资者的信息加工能力不同。机构投资者一方面有动机去解读和看穿公开信息，另一方面也愿意花成本被投资公司调研，获得非公开信息。而个人投资者读懂公开信息的能力较弱，也没有足够的资金去搜集非公开信息，往往根据价格走势来进行买卖操作，或者靠道听途说的消息跟风炒作，因此属于信息劣势者。余佩琨、李志文和王玉涛（2009）的研究结果显示，在我国，机构投资者获得了比个人投资者更高的收益。机构投资者之所以能够获得超过个人投资者的收益，是因为机构投资者具有相对的信息优势，能够通过知情交易获得更高的股票收益。

4. 机构投资者加强公司治理的作用

随着自身的不断壮大，我国机构投资者开始在上市公司治理、保护中小投资者利益方面发挥积极的作用。袁等（Yuan et al.，2008）的调查则发现，中国的机构投资者已经开始关注上市公司的治理情况，加强与公司管理层进行沟通，通过积极的手段影响公司治理的水平。

以证券投资基金为代表的机构投资者的发展，改善了资本市场的投资者结构，促进了上市公司治理结构的完善。然而，我国的基金管理公司还存在经营模式单一、产品不够丰富，股东结构不够合理、长期激励约束机制不到位等问题；保险公司、社保基金、企业年金等其他类型机构投资者参与不足使得资本市场缺乏长期机构投资者；私募股权投资基金的市场影响力还比较低。因此，我国机构投资者的治理作用还有待进一步加强。

第四节 我国的现金股利政策

一、我国现金股利的相关政策规定

国外拉波塔等（1997；1999；2000）的跨国研究表明，投资者保护法律及其司法体系影响上市公司财务政策（包括股利政策）；国内夏立军和方轶强（2005）研究表明，公司所处的治理环境会影响终极产权与公司价值之间的关系。因此，股利政策的研究需要考虑进行宏观层面制度上的分析。从宏观制度上看，我国属于转轨经济体，资本市场属于新兴资本市场，很多法律法规都处于不断建设和完善之中。其中，影响股利政策的法律法规也在不断推出。

1993 年的《公司法》规定股份的发行，实行公开、公平、公正的原则，必须同股同权，同股同利。1996 年《关于规范上市公司若干问题的通知》要求上市公司制定配股方案同时制定分红送股方案的，不得以配股作为分红送股的先决条件。2001 年《关于上市公司新股发行审核工作的指导意见》规定，发行审核委员会委员审核上市公司新股发行申请，应当关注公司上市以来最近三年历次分红派息情况，特别是现金分红占可分配利润的比例以及董事会对于不分配所陈述的理由。2004 年《关于加强社会公众股股东权益保护的若干规定》中提出，上市公司最近三年未进行现金利润分配的，不得向社会公众增发新股、发行可转换公司债券或向原有股东配售股份。2006 年，《上市公司证券发行管理办法》规定，上市公司公开发行证券应符合最近三年以现金或股票方式累计分配的利润不少于最近三年实现的年均可分配利润的百分之二十。

2008 年 10 月，中国证监会发布了《关于修改上市公司现金分红若干规定的决定》，再次对上市公司现金分红做出了明确规定，将上市公司公开发行证券的必要条件—"最近三年以现金或股票方式累计分配的利润不少于最近三年实现的年均可分配利润的百分之二十"修改为"最近三年以现金方式累计分配的利润不少于最近三年实现的年均可分配利润的百分之三十",这意味着监管部门提高了上市公司的再融资门槛。从中可以发现,这些政策法规主要是针对公司融资行为与股利政策的捆绑约束。

2013年,《上市公司监管指引第3号》要求上市公司董事会综合考虑多方面因素,区分下列情形,提出差异化的现金分红政策:(1)公司发展阶段属成熟期且无重大资金支出安排的,现金分红在本次利润分配中所占比例最低应达到80%;(2)公司发展阶段属成熟期且有重大资金支出安排的,现金分红在本次利润分配中所占比例最低应达到40%;(3)公司发展阶段属成长期且有重大资金支出安排的,现金分红在本次利润分配中所占比例最低应达到20%。公司发展阶段不易区分但有重大资金支出安排的,可以按照前项规定处理。2015年《关于鼓励上市公司兼并重组、现金分红及回购股份的通知》要求上市公司应建立健全现金分红制度,并在章程中明确现金分红相对于股票股利在利润分配方式中的优先顺序。具备现金分红条件的,应当采用现金分红进行利润分配。鼓励上市公司实施中期分红。

二、我国现金股利分配的实际情况

近几年来,上市公司现金分红的比例逐年提高,但"两极分化"程度比较严重,仍有部分公司连续多年没有分配现金红利,总体支付率与成熟市场相比还有一定差别。Wind统计显示,截至2016年4月11日,A股共有1 126家公司分布了现金分红方案,总金额有望超过6 064.58亿元。而另外一些上市公司自上市以来从未分红,被市场称为名副其实的"铁公鸡",这类上市公司数量目前高达273家,其中有90家未分红的时间超过了10年。都洪轩(2017)对我国上市公司现金分红的现状进行了如下的全面分析:

(一)不分配股利的现象仍然大量存在

我国上市公司与中小投资者之间的利益关系呈现出极不均衡的状态,随着资本市场的发展,我国上市公司主要通过股票市场来获得所需资金,然而大部分上市公司实行以送股为主、现金分红为辅的分配方式,且不分红的现象较多。

截至 2011 年 7 月，上市以来从未进行现金分红的公司超过 170 家，成为令中小投资者心寒的"铁公鸡"，而这些公司很多都是实力派大公司（都洪轩，2017）。与我国资本市场形成鲜明对比的是，在资本市场完善的美国，2012 年的股票分红规模再创历史之最。

（二）在股利形式上轻现金股利

随着我国现金分红政策的不断颁布，虽然目前我国上市公司的现金分红比例较以往有所提升，但与国外成熟资本市场相比，不管是上市公司还是股东，股利分配形式都倾向于股票股利。尽管很多上市公司改变过去"铁公鸡"的做法，已经开始对投资者派发现金股利，但经学者研究，绝大多数上市公司的分红行为主要是为了保住公司的配股资格，以达到再圈钱的目的。

（三）现金分红水平总体较低

我国上市公司发放的现金股利占净利润的比例持续处于较低水平，虽然每股分红的金额提高了，但上市公司分红比率却呈下降趋势，即使 2011 年有所好转，但与成熟资本市场相比，还有很大差距。根据股利信号传递理论，如果公司发放的现金股利高便会向投资者和潜在投资者传递公司的盈利信号，并会认为这类公司也有更好的发展前景。投资者往往有追求利益最大化，期望风险最小化的心理，那么企业传递的好信号，自然会给投资者带来信心，消除顾虑。这些投资者会选择长期持有公司股票，期望获得持续且较高的现金分红，而放弃选择短期证券市场利用价格波动而进行买卖，来获得投机收益。然而，我国上市公司现金分红的数量以及分红比例普遍较低，并且我国股票市场上存在上市公司进行筹资的资本多，分红数量少的不合理情况。买卖价差这种投机行为较严重，投资者主要以此获得投资回报。

（四）过度分红的不良分配现象时有发生

一些上市公司迫于大股东压力，或是为了配合庄家和机构抛售做筹码，在不具备高分配能力的情况下过度分红，甚至用以前年度的利润来分红，势必会降低以后年度的现金分红能力，其带来的现金压力会影响公司的投资效率，易错失好的投资机会，造成投资不足，影响公司的长期发展，投资者的利益也将受损。对于进行公司改革，在财务和经营方面还没彻底调整好就对投资者派发高的现金股利的上市公司，显然更是不良分配。

(五) 现金分红缺乏持续性

我国上市公司对于公司现金分红，由于内外部环境的影响，缺乏持续性，多数公司以公司扩张为由，不进行现金分红，也有些公司以不盈利为借口，拒绝分红。

第五节 本章小结

为了更深入地对股价同步性的现象进行研究，本章对中国证券市场和上市公司的相关制度背景进行了介绍。与证券市场相关的制度背景包括证券市场发展进程的回顾和当前证券市场发展的现状。基于证监会在2008年发布的《中国资本市场发展报告》划分为三个阶段，回顾了自改革开放以来中国资本市场在各个方面的发展。在发展现状部分，重点阐述了中国多层次资本市场体系逐步建立和完善，法制建设与投资者保护等方面所取得的丰硕成果。

与上市公司相关的制度背景包括内外部治理机制、市场投资者的发展与特征和我国现金股利的政策。内部治理机制重点梳理了公司治理制度建设经历的若干重要阶段，董事会和监事会双重治理制度的建立、效果和问题，以及董事会治理的发展与现状。目前的特征表现为董事会主要受大股东控制，独立董事的独立性不强，专门委员会制度没有完全真正到位。以产品市场竞争为核心对外部治理机制进行了阐述，并涵盖了产品竞争的发展与现状。关于我国的现金股利政策，本章对以证监会为核心的监管系统所颁布的相关政策规章进行了总结与归纳，主要从历史的角度进行梳理。进而对我国现金股利分配的实际情况进行了阐述，发现不分配股利的现象仍然大量存在、股利形式上轻现金股利、现金分红水平总体较低等历史性问题依然明显存在。

第四章
有限套利与股价同步性的实证研究

本章是实证研究的第一部分，根据2003~2004年中国上市公司的数据，并主要基于行为金融理论探寻影响同期中国证券市场上股价同步性的相关因素。由于市场存在套利局限，影响套利者套利行为的因素均可能潜在地通过影响市场套利的活跃程度来影响股价同步性。本章首先对行为金融理论和有限套利概念进行简要介绍，继而选择现金股利、交易成本和投资者成熟度三个指标作为有限套利的直接度量，分别从持有成本、交易成本和套利能力的角度进行理论分析，并结合我国现实的制度背景和资本市场现状考察三个因素的作用机理和结果。本章在理论分析和已有研究的基础上进行实证设计，并通过构建多元回归模型检验有限套利对股价同步性以及资本市场效率的影响。

第一节 问题的提出

在一个完全有效的资本市场中，价格充分而准确地反映了公司的全部相关信息，其信号机制作用可以实现市场资源的最优配置；然而，现实中的市场并不是完美的，价格引导资源配置作用的大小还要取决于它反映公司真实信息的能力。股价中公司特质信息含量越高，表明价格更准确地反映了证券的真实价值，从而能更有效地发挥对资源配置的引导作用，提高资本市场效率。因此，股价中特质信息含量的高低可以反映市场的有效程度。

相反，股价的"同涨同跌"现象却会破坏价格信号的这种资源配置作用，降低资本市场的运行效率。因为价格"同涨同跌"意味着公司的特质信息较少地被股价所吸收，使投资者难以区分优劣程度不同的股票，从而破坏价格的信号传导机制，弱化其资源配置功能。沃格勒（2000）对65个国家的实证研究就证明，市场的资源配置效率与股价同步性之间存在显著的负相关关系，即市场同步性程度越高，股价中所包含的公司特质信息就越少，资源配置效率也越低；反之亦然。杜尔涅夫等（2004）研究指出，股价同步性波动较小的公司更容易引致高效率的资本投资决策，因为高信息含量的股价会引导公司治理机制更好地发挥作用。因此，现有文献常常把股价同步性作为度量股价特质信息含量以及资本市场效率的指标。

理论上，股票价格的同步性只源于公司基本面的同质性，然而现实中非理性投资者的存在与有限套利的制约等因素也会引致股价波动的同步性。罗尔（1988）指出，与行业或市场相关的股价波动虽然很可能受公共信息披露的影响，但价格对公司特质信息的反映却更多的是因为套利者的行为。因此，套利者基于私人信息的交易活动越活跃，价格中的特质信息含量就越丰富，从而股价波动同步性波动就越小，市场效率也越高。

传统的金融理论认为，套利是完全无限的，即使市场上存在一些非理性的投资者，理性投资者也可以通过其套利行为来纠正非理性投资者行为所导致的定价错误。但众多的研究却发现，各国股市普遍存在明显的异常收益情况，即市场存在较严重的定价偏误。假设市场套利者的套利能力无限，那么定价偏误的现象就不应该持续存在。与传统的观点不同，行为金融理论提出，非理性因素能够对价格产生较为显著和长期的影响，而受现实条件的限制，套利行为的作用不可能充分实现，套利者无法消除资产价格对价值的偏离，即"有限套利"。近来，越来越多的学者也认为，市场更多地存在有限套利行为。于是，本章希望在有限套利的框架下，对影响我国股价同步性的因素及其内在机理进行分析。

在现实的市场中，存在众多的因素阻止专业的套利行为，并导致套利的有限性。例如，施莱弗和维什尼（Shleifer and Vishny，1997）认为，现实中几乎所有的套利都是有成本、有风险的，只有当市场提供的套利空间足够大时，套利者才愿意花费成本和忍受风险去参与套利活动。庞迪夫（1996）研究发现，现金股利越少，封闭式基金折价的程度越高，表明套利成本影响了套利者的行为，从而造成了更大的价格偏差。庞迪夫（2006）指出，交易成本和持有成本令套利变得昂贵，套利者因为无利可图而削减套利的活动；相反，现金股利的支付会降低套利者头寸的持有成本，增加套利的超额收益，从而减少套利的局限。米切尔等（Mitchell，2002）以"负自有价值"的公司为研究对象考察有限套利，发现交易成本等因素对套利行为造成了障碍。阿里等（Ali et al.，2003）研究证明，交易成本越高，投资者成熟度越低，套利活动就越少，因此 B/M 效应越显著。

基于以上分析，本章选取现金股利、交易成本以及投资者成熟度衡量有限套利程度，对我国股市的有限套利与股价同步性以及市场效率的关系进行探索。

第二节 数学模型与理论分析

基于 CAPM 的单因素市场模型为：

$$r_{j,t} = \alpha_j + \beta_j r_{m,t} + e_{j,t} \tag{4.1}$$

其中，$r_{j,t}$ 代表股票 j 在 t 时期的收益；$r_{m,t}$ 是 t 时期的市场回报，实际计算时常用市场指数收益率来替代；α_j 和 β_j 是回归模型的系数；残差项 $e_{j,t}$ 表示未能解释的剩余收益。该回归模型的统计量 R^2 定义为：

$$R^2 = \frac{\beta^2 s^2(r_m)}{\beta^2 s^2(r_m) + s^2(e)}$$

其中，$s^2(e)$ 和 $s^2(r_m)$ 分别是来自公司层面的特质性方差和市场层面的系统性方差，β 代表贝塔系数。在假设 β 和 $s^2(r_m)$ 一定的情况下，R^2 由 $s^2(e)$ 单独决定，即公司特质性方差越大，R^2 越小。

按照罗尔的经典分析，剩余收益 e 可分解为与公司特质信息相关的收益和由交易噪声引起的收益两部分。自然地，其方差 $s^2(e)$ 也会受到交易噪声 x 和公司特质信息 i 的共同影响。由此，可以建立以下一般性的模型：

$$V_e = s^2(e) = f(x, i)$$

V_e 表示公司特质性方差。在固定 x 和 i 其中一个不变时，V_e 都是另一个因素的严格增函数，即 $f'_x > 0$，$f'_i > 0$。因为当与公司相关的交易噪声增加时，或股票价格吸收更多的公司特质信息时，V_e 都会随之增加，相应地股价同步性会随之降低，这也符合以往研究的一般特征。

与过往的研究不同的是，本书假定交易噪声 x 应与信息 i 相关，当公司信息含量 i 提升时，交易噪声 x 会相对减少。不妨假设 x 是 i 的严格减函数，即 $x = x(i)$，且 $x'(i) < 0$。按照复合函数的链式求导法则，将 V_e 对 i 求导，可得：

$$\frac{dV_e}{di} = \frac{\partial f(x, y)}{\partial x} \frac{dx}{di} + \frac{\partial f(x, i)}{\partial i} = f'_x x'(i) + f'_i$$

依据前面假设可知,第一项为负,第二项为正。$\dfrac{dV_e}{di}$ 的符号将取决于两项绝对值的比较,若第一项绝对值较大,$\dfrac{dV_e}{di}$ 为负;反之则为正。由此可见,公司特质收益率的波动与特质信息之间未必只是纯粹的单向关系。

为简便起见,以下借鉴罗尔的简易框架做进一步分析,假定:

$$e_t = x_t + g_t y_t$$

其中,x 表示交易噪声,y 是与信息相关的剩余收益;g_t 是反映信息到来的随机因子,若 t 日有信息取 1,无信息时则为 0。

同样也假定:

$$E(e) = E(x) = E(y) = E(xy) = E(xg) = E(gy) = 0$$

定义

V_j 为随机因素 j 的方差,(j = e, x, y)

$$p = \text{Prob}\{g_t = 1\}$$

进而假定 $E(xg) = 0$,即 x 与 g_t 是不相关的,但认为 x 与 g_t 并不相互独立。因为随着公司信息到来的概率 p 的增加,信息不对称程度降低,与公司有关的交易噪声会随之减少,由交易噪声引起的方差 V_x 也将减小(若某一天股价没有包含交易噪声,相应的 V_x 属于该日的那部分就会减少为零)。

进一步地,假设 $V_x = V_x(p)$,且 $V_x'(p) < 0$。

$$V_e = E[x + gy]^2 = V_x + pV_y$$

V_y 为常数。将 V_e 对 p 求导,可得:

$$\dfrac{dV_e}{dp} = V_x'(p) + V_y \tag{4.2}$$

对公式(4.2)进行分析可知,当噪声相关的方差 V_x 随着 p 的增加而急速下降,且下降的速率 $-V_x'(p)$ 大于 V_y 时,股票特质性方差将随着特质信息含量的增加而下降,此时股票与市场的同步性增强;反之,如果 V_x 只是随着 p 的增加呈平缓下降,即 $-V_x'(p) < V_y$,股票特质性方差会随着特质信息含量的增加而上升,股票与市场的同步性减弱;当 $-V_x'(p_0) = V_y$ 时,则表示 p_0 是股票特质性方差 V_e 变化的拐点。拐点 p_0 的出现取决于波动曲线 $V_x(p)$ 的形态。

本书认为,$V_x(p)$ 曲线的形态将主要由证券市场的成熟度等特征决定。欧美等成熟资本市场有完善的金融体制,严格的监管和信息披露要求,p 的变动区间较窄；投资者以机构投资者为主，他们基于私人信息的交易活动将推动股价趋近真实价值。罗尔（1988）曾估算，V_y 至少是 V_x 的 20 倍。由于股价已比较充分地反映了公司特质信息，V_x 随 p 的变化也不应很明显。而在新兴资本市场中，投资者法律保护水平较差，信息不透明度较高，p 的可变化范围较大；大量的个体投资者成为市场主体，其非理性的行为使交易噪声可能构成股价波动的重要因素；而信息质量的改善将引起 $V_x(p)$ 的显著变化。如图 4-1 所示，$V_1(p)$ 和 $V_2(p)$ 分别代表新兴市场和成熟市场的 $V_x(p)$ 曲线，p_1 和 p_2 是相应的拐点。显然，$p_1 > p_2$，因而新兴市场在一个更大的区间 $[0, p_1]$ 内，股票特质性方差 V_e 会随着特质信息含量的增加而上升。

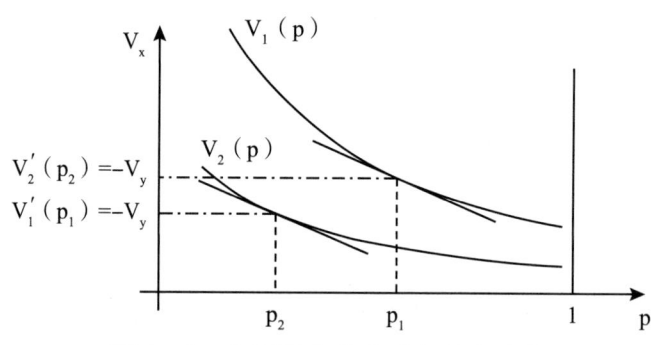

图 4-1 交易噪声的方差与信息含量

基于上述模型并结合信息观和套利理论，对市场套利与股价同步性的关系进行进一步的理论分析。所谓套利是指利用资产定价错误的机会，在不同的市场同时买入和卖出相同或同质的资产来获取无风险报酬的行为。作为一种基于私有信息的交易活动，套利可以增加股价中的公司特质信息含量，从而减小股价同步性波动（Roll，1988）。默克等（2000）认为，完善的金融体制可以给予投资者较好的产权保护，使套利者更愿意参与套利交易，因而股价同步性波动程度更小；相反，在产权保护较差的国家，高昂的信息成本阻碍了套利者的套利活动，股价"同涨同跌"的现象更加明显。游家兴（2007）发现，随着我国制度建设的逐步推进，投资者收集信息的成本逐渐降低，套利行为更加活跃，股价波动的同步性趋势减弱。因此，套利活动受到的限制越严重，股价同步性波动越大，反之亦然。

由于现金股利、交易成本以及投资者成熟度都会影响市场的套利交易，因而也会对股价的同步性波动产生影响。

一、现金股利与股价同步性的理论分析

庞迪夫（2006）将套利成本划分为持有成本和交易成本。持有成本主要包括借贷成本、短期投资的机会成本以及对风险的暴露等。不同于交易成本只在交易的时候才发生，持有成本在持有头寸的每一期内都会产生。持有成本越高，套利交易越不活跃。一方面，持有成本降低了套利者的套利收益，减少套利活动；另一方面，持有成本使本可完美对冲且无风险的头寸增加了新的风险，令厌恶风险的套利者选择只持有部分的套利头寸（Tuckman and Vila，1992）。

国外研究发现，现金股利可以减少套利者的持有成本。一方面，红利减少了持有头寸的有效期，从而减少头寸的实际持有期限，降低持有成本；另一方面，持有成本与头寸的价值大小成正比，红利的支付会减少未结头寸的资本数量，相应地也会减少持有成本（庞迪夫，1996）。不管证券是否有定价偏误，股利的价值不会变化，当现金股利被支付时，投资者获得现金的全部价值，并产生部分的流动性。因此，支付的现金股利越多，套利的持有成本就越低，投资者的套利能力则越强。

然而，我国特殊的股权结构却使现金股利的作用有了截然不同的解释。国外研究发现，现金股利具有信号传递和降低代理成本的作用，对外部投资者而言，上市公司支付现金股利是利好消息。但是在我国，上市公司代理问题非常严重，现金股利充当控制代理成本工具的基本条件并不具备（原红旗，2001）。相反，我国上市公司现金股利很大程度上却与大股东套取现金和转移资金的企图有关（原红旗，2001；陈信元等，2003；肖珉，2005）。受股权分置制度的影响，非流动股股东（通常为控股股东）与流通股股东（通常为中小股东）之间形成了一种"同股不同本、同股不同价"的特殊现象，也由此产生一类新的隧道效应——非流通股股东通过现金股利的方式掠夺流通股股东。刘峰和贺建刚（2004）认为，上市公司的高派现已成为大股东利益输送的一种合法而有效的手段。马曙光等（2005）发现，现金股利和资金侵占同是大股东实现其股权价值

最大化的手段，两者具有可替代性。许文斌等（2009）研究发现，绝对控股结构的公司在股权分置改革前后一直存在现金股利的隧道效应。此外，由于股票流动性受限，非流通股股东难以实现资本利得，必须通过现金股利的途径来实现其投资收益；现金股利政策主要迎合了大股东的偏好，并不符合外部投资者的利益。俞乔和程滢（2001）实证研究证明，现金股利作为首次分红支付方式并不受市场欢迎，其异常收益显著为负值。以上研究表明，在我国，现金股利不仅不能减少代理成本，反而以隧道效应的方式增加代理成本。

由于同股同权却不同价，貌似公平的现金股利实质上已被错误定价。在支付等同股利的前提下，由于投入资本量不同，股利的价值已经发生偏移，外部投资者并不能获得现金股利的全部价值，部分价值被非流通的大股东侵占。支付的现金股利越多，外部投资者的损失就越大。因此，现金股利会增加套利者的持有成本以及被掠夺的风险，抑制套利交易，进而提高股价同步性。

此外，现金股利还对股票价格的信息含量产生负面的影响，同样也会提高股价同步性。吉恩和迈尔斯（2006）指出，由于公司内部人与外部投资者之间的代理问题影响公司特质的风险在双方之间的分配，从而导致股价所反映的公司特质信息含量产生差异。李增泉（2005）认为，当大股东掌握公司控制权时，公司主要的代理问题变成控股股东与中小股东之间的利益冲突，控股股东的剥削行为成为影响股票价格信息含量的重要因素。依前面所述，在我国，现金股利俨然已成为控股股东掠夺的一种工具，现金股利越多，代表控股股东的剥削越严重，因而股价信息含量越低。

综上所述，分别提出研究假设 4-1a 和假设 4-1b：

假设 4-1a：支付现金股利的公司，其股价同步性波动幅度更大；

假设 4-1b：支付现金股利越多的公司，其股价同步性波动幅度越大。

二、交易成本对股价同步性的影响

完美市场的套利是没有交易成本的，但现实中几乎所有的套利都有交易成本的限制。每一笔交易的发生，套利者都需要为之付出直接或间接的成本，既包括买卖证券的手续费和佣金等，也包括市场冲击所带来的成本。在流动性较差的市场中，直接的交易成本对交易价格的影响会很大；同样，投资者为轧平头寸而支付的相关成本也可能很高。一旦交易的成本超过利用套利机会所能获得的收益，投资者将不会构造套利组合进行交易。因此，交易成本形成了一种套利的障碍，限制理性投资者从证券定价错误中获利并消除定价偏误的能力。交易成本越大，套利活动越不活跃，潜在的定价偏误程度就越高。例如，交易成本很好地解释了盈余公告后价格漂移现象（PEAD）、小公司效应、一月效应以及封闭式基金折价等许多资产定价的异象（Bhushan, 1994; Mitchell et al., 2002; Pontiff, 1996; Ali et al., 2003; Bartov et al., 2000）。布尚（Bhushan, 1994）发现，由于交易成本限制了套利者利用市场上存在的可获利机会，使盈余公告后的价格漂移程度与直接和间接交易成本之间正相关，因此认为交易成本是资本市场效率的一个重要决定因素。另外，交易成本也会限制投资组合的多元化，因为交易次数越多，交易成本也越高，这就使投资者不能完全地分散风险，从而限制其套利能力。

当证券定价错误时，交易成本将抑制套利者驱动价格回归其基本价值的交易活动，阻碍股价对公司特质信息含量的吸收，从而引起股价同步性波动的增大。巴伯瑞斯等（2005）对股价同步性的研究发现，由于交易成本等条件的限制，大量的投资者并不能完全地分散投资，某一类投资者将特别地偏好其中少部分股票，而这类投资者的某些共性使他们对股票的收益产生了相似的心理预期，从而推动股价的同向运动。正是因为交易成本和信息成本等市场摩擦的存在，才令股票价格的同步性有了更为丰富的内涵（李增泉，2005）。

因此，交易成本越高，理性投资者的套利活动就越不活跃，非理性投资者共同的心理偏差导致的定价错误则更严重，从而股价波动的同步性趋向增强。基于以上分析，提出研究假设4-2：

假设4-2：股票的交易成本越高，其股价同步性波动越大。

三、投资者成熟度对股价同步性的影响

通常，数量庞大的个体投资者都不是掌握知识和信息去参与套利的投资者，套利经常是由那种数量虽极少、持有头寸却巨大并且高度专业化的职业投资者

来驱动的 (Shleifer and Vishny, 1997)。国外研究一般将机构投资者当作理性投资者、知情交易者或套利交易者，而将个体投资者视为非理性投资者或噪声交易者。大量非理性投资者的存在，会制造出一种额外的套利风险，即噪声交易者风险，它将阻碍市场的套利能力 (De Long et al., 1990)。相反，机构投资者拥有优越的信息渠道、专业的分析能力以及雄厚的资金，既有能力也有动机去挖掘市场信息，参与套利交易，获取超额收益。于是，机构投资者越多，持有头寸越大，说明投资者整体的成熟度越高，市场套利的能力也就越强。

众多研究结果表明，机构投资者能够抓住市场上存在的异象作为套利的机会，从中获取超常收益，同时减少价格的偏误程度。首先以PEAD为例。巴托夫等 (Bartov et al., 2000) 以机构持股作为投资者成熟度的度量，对PEAD与投资者成熟度之间的关系进行检验，发现两者之间存在负向的关系。柯和拉马林格高达 (Ke and Ramalingegowda, 2004) 发现机构投资者利用PEAD现象进行套利，在扣除交易成本之后，短期套利行为能够获得年利率为22%的超常收益；并且，套利活动还增加了股票价格反映其内在价值的速度，但随着交易成本的增加，机构投资者的交易活动减弱。谭伟强 (2007) 和孔东民、柯瑞豪 (2007) 从不同的角度证明我国的机构投资者也在一定程度上利用了PEAD效应进行套利，从而降低了这种异象的表现程度。柯林斯等 (Collins et al., 2003) 针对应计异象的研究发现，机构投资者持股比例较高的股票有更低的定价偏误。阿里等 (2003) 对B/M异象的研究也表明，投资者的成熟度越低，股票的B/M效应越明显。

作为套利者，机构投资者可以提高投资者整体的套利能力，降低股价同步性；作为知情交易者，机构投资者的交易能够增加股价中的特质信息含量。皮奥特洛斯基和罗尔斯登 (2004) 研究证明，机构投资者等三类知情交易者的参与不同程度地提高了股价的特质信息含量，降低了股价同步性。库马尔和李 (2006) 发现，机构持股较少的股票，个体投资者的集中度会很高，系统性的交易噪声将引起股价的同步运动。侯宇和叶冬艳 (2008) 在控制了内生性、噪声等因素的影响之后，发现我国的机构投资者交易确实增加了股价中的特质信息含量，提高了市场的效率。因此，机构投资者持股比例越高，跟随数量越大，投资者成熟度越高，股价同步性波动则越小。基于以上分析，分别提出研究假设4-3a和假设4-3b：

假设 4-3a：机构投资者持股比例越高的公司，其股价同步性波动越小；

假设 4-3b：机构投资者跟随越多的公司，其股价同步性波动越小。

第三节 研究设计

一、样本的选取和数据来源

本章选择 2003~2004 年所有 A 股上市公司为初选样本。在样本筛选过程中，剔除了以下样本：（1）金融类上市公司，以避免不同的会计准则的影响；（2）当年度 IPO 的公司，由于 IPO 时公司股价有特殊的波动性；（3）剔除年度内少于 200 个交易日的公司；（4）相关数据不全以及实际控制人性质无法辨认的公司。最终得到 2 328 个公司—年样本。

本章中使用的股票交易数据、基金十大重仓股和实际控制人数据皆取自 CCER 数据库，现金股利、机构投资者和基金持股数据来自 Wind 数据库，其他财务数据及股权结构数据则来自国泰安 CSMAR 数据库。股价同步性采用 SAS 软件计算，统计分析由 Stata 软件完成。

二、变量定义

（一）因变量

参考默克、杨和于（Morck，Yeng and Yu，2000）的方法，本章用 CAPM 模型的拟合系数 R^2 衡量股票价格的同步性：

$$r_{i,t} = \alpha_i + \beta_i r_{m,t} + e_{i,t}$$

其中，$r_{i,t}$ 和 $r_{m,t}$ 分别为研究期间内第 t 个交易日的公司收益率与市场收益率（市场收益率分别用沪市和深市的综合指数收益率表示）；$e_{i,t}$ 表示残差，它捕捉了市场信息无法解释的收益率，反映公司股票收益的特质性部分。定义每个年度的研究期间为该年度第一个交易日至最后一个交易日。

根据统计学原理，R^2 的经济含义可以理解为股票价格的变动被市场波动所解释的比例。因此，R^2 越大，表示公司股票价格与市场的同步性程度越高。由于 R^2 的取值区间为 (0, 1)，不符合最小二乘法的要求，因此在进行回归分析时，我们对 R^2 进行如下的对数转换：

$$\text{RSQ}_i = \log\left(\frac{R_i^2}{1 - R_i^2}\right) \tag{4.3}$$

（二）解释变量

1. 现金股利

本章采用两种方式来度量现金股利。定义变量 DIV 表示上市公司在该年度是否支付股利，DIV 等于 0 表示不支付股利，等于 1 表示支付了股利。Dividend 是公司的股利支付率，以每股现金股利除以股价计算，表示公司支付现金股利的数量多少。

2. 交易成本

本章采用年度内金额交易量的平均值作为交易成本的代理变量（TC1）。布尚（1994）发现，机构的资金管理者在现实中更看重的是以金额表示的交易量（即交易股数与交易价格之乘积），因此他在研究中选择该变量作为间接成本的代理并获得预期的效果。在随后对有限套利的研究中，阿里等（2003）、门登霍尔（Mendenhall，2004）以及孔东民（2008）等都采用了这种测度作为间接成本的代理。此外，一些理论性的研究也认为以金额表示的交易量是间接成本的一个重要决定因素，交易成本和以金额表示的交易量之间有反向的关系，金额交易量越大表示市场流动性越大，因此更大量的买卖可以被迅速、无延迟地在市场交易并且不会产生更大的价格冲击。

此外，庞迪夫（1996）将股票价格的倒数作为交易成本的代理变量，参照这种做法，本章也将股价倒数作为交易成本的第二种度量（TC2）。

3. 投资者成熟度

一般而言，理性的投资者或者更成熟的交易者应该能够更好地利用市场中出现的套利机会。机构投资者一般被视为知情交易者或理性交易者，他们基于私人信息进行套利交易，而中小投资者由于投资判断能力有限，其交易行为往往类似于噪声交易。因此，随着机构投资者参与程度的提高，投资者成熟度的提高，市场的套利活动将更加活跃。

在我国，广义的机构投资者包括基金、券商、券商理财产品、QFII、保险公司、社保基金、企业年金、信托公司、财务公司、银行、一般法人、非金融类上市公司等；狭义的机构投资者主要指证券投资基金。本章定义变量 Inst 和 Fund，分别代表广义的机构投资者持股和狭义的基金持股。另外，定义变量 Frequency，即公司被开放式和封闭式基金季报列入十大重仓股的次数，用以表示机构投资者的跟踪数量。

Inst（或 Fund 或 Frequency）数值越大，说明机构投资者对该只股票的关注越高，相应的基于信息的套利活动也越活跃。本章选取这三个变量作为投资者成熟度的代理指标。

综上，以表 4 – 1 对解释变量进行总结。

表 4 – 1   有限套利的潜在因素

变量	DIV	Dividend	TC1	TC2	Inst	Fund	FREQ
代理因素	现金股利	现金股利	交易成本	交易成本	成熟度	成熟度	成熟度
期望符号	+	+	–	+	–	–	–

三、模型设计

根据前文的分析，我们构建如下模型并使用 OLS 回归方法检验本章的研究假设：

$$\begin{aligned}RSQ_{i,t} = & \alpha + \beta_1 Arbitrage_{i,t} + \beta_2 Top_{i,t} + \beta_3 Herf2to5_{i,t} + \beta_4 Size_{i,t} \\ & + \beta_5 Lev_{i,t} + \beta_6 M/B_{i,t} + \beta_7 Volume_{i,t} + \beta_8 Private_{i,t} \\ & + Year + \sum Industry + \varepsilon_{i,t}\end{aligned} \quad (4.4)$$

模型中各变量的含义如下：股价同步性 RSQ 作为被解释变量；解释变量 Arbitrage 是有限套利因素的统称，分别代表现金股利、交易成本和投资者成熟度等因素，股票套利局限越严重，股价同步性波动程度越大。根据不同研究目的，我们在实际检验中使用 DIV，Dividend，TC1，TC2，Inst，Fund，FREQ 这些变量来替代模型中的 Arbitrage 变量。各变量代理的因素及其预期符号如表 4-1 所示，由于它们具有较强的共线性，在后面的回归分析中，我们每次仅仅放入其中的一个变量。

Top，Herf2to5，Size，Lev，M/B，Volume，Private 分别代表公司的第一大股东持股比例、赫芬达尔指数、公司规模、资产负债率、市账比、换手率及实际控制人类型。根据以往的研究，本章将以上变量作为控制变量纳入模型中。此外，模型中还加入年度虚拟变量 Year 和行业虚拟变量 Industry，以充分考虑年度效应和行业效应。行业的分类标准是依据证监会 2001 年颁布的《上市公司行业分类指引》，其中制造业取两位代码分类，其他行业取一位代码分类，共有 20 个行业虚拟变量，另有 1 个年度虚拟变量。

模型主要变量的具体定义和计算见表 4-2。

表 4-2　　　　　　　　　　　　变量定义与描述

变量	符号	变量描述
被解释变量		
拟合系数	R^2	CAPM 模型的拟合系数
股价同步性	RSQ	R^2 的对数转换，$\ln\left(\dfrac{R^2}{1-R^2}\right)$
解释变量		
现金股利	DIV	年度内若上市公司支付现金股利，取值为 1，否则为 0
股利支付率	Dividend	每股现金股利÷股票价格
交易成本 1	TC1	年度内交易股数与交易价格乘积的平均值÷流通 A 股数量
交易成本 2	TC2	股票价格的倒数
机构持股比例	Inst	机构投资者持有上市公司流通 A 股数量÷流通 A 股数量
基金持股比例	Fund	基金公司持有上市公司流通 A 股数量÷流通 A 股数量
基金重仓频度	Frequency	年度内上市公司被开放式和封闭式基金季度报告列入十大重仓股的次数合计

续表

变量	符号	变量描述
控制变量		
第一大股东持股	Top	第一大股东的持股比例
赫芬达尔指数	Herf2to5	第二至第五大股东持股比例的平方和
公司规模	Size	年初总市值的自然对数
资产负债率	Lev	总负债÷总资产
市账比	M/B	总市值÷净资产
换手率	Volume	年度内上市公司日换手率的平均值
实际控制人	Private	实际控制人为民营、外资或集体所有制等企业时，取值为1，为国有企业时为0

第四节　实证结果与分析

一、描述性统计分析

表4-3报告的是模型中所有变量的描述性统计结果。

表4-3　　　　　　　各变量的描述性统计

变量	样本数	均值	中位数	标准差	最小值	最大值
R^2	2 328	0.333	0.344	0.129	0.0015	0.686
RSQ	2 328	-0.791	-0.645	0.757	-6.488	0.781
DIV	2 328	0.484	0	0.500	0	1
Dividend	2 328	0.008	0	0.012	0	0.114
TC1	2 328	0.090	0.068	0.070	0.007	0.738

续表

变量	样本数	均值	中位数	标准差	最小值	最大值
TC2	2 328	0.141	0.136	0.0511	0.023	0.480
Inst	2 020	0.081	0.021	0.133	0	1.097
Fund	1 584	0.062	0.005	0.126	0	0.996
Frequency	462	15.05	5	30.45	1	253
FREQ	462	1.946	1.792	1.158	0.693	5.537
Top	2 328	0.428	0.413	0.170	0.0614	0.850
Herf2to5	2 328	0.021	0.007	0.029	0.000	0.186
Size	2 328	21.488	21.361	0.765	19.590	26.785
Lev	2 328	0.459	0.457	0.176	0.0108	0.951
M/B	2 328	3.285	2.582	2.413	0.762	25.99
Volume	2 328	0.011	0.009	0.006	0.0005	0.064
Private	2 328	0.270	0	0.444	0	1

由 R^2 的均值来看，2003~2004 年我国上市公司股票日收益率的 33.3% 可以由市场收益率予以解释，虽依然显著高于发达国家，但与李增泉（2005）统计的 1997~2001 年 R^2 的均值 41.51% 相比，已有明显的下降，这表明随着时间的推移，证券市场制度逐步完善，我国股价波动的同步性趋向减弱。DIV 的均值为 0.484，表明接近一半左右的公司支付了现金股利；Dividend 的均值为 0.8%，最大值为 11.4%，而标准差为 1.2%，则说明不同的公司股利支付率存在较大的差异。就投资者成熟度的代理变量而言，2003~2004 年我国股市平均只有 8.1% 的股份被机构投资者所持有，而且具有较大的标准差，接近均值的两倍，这说明我国股票市场以个人投资者为主，机构投资者所持股票在市场只占较少一部分。其中，基金持股比例平均为 6.2%，表明基金是我国机构投资者的主体。另外，在基金重仓持有的公司子样本中，基金的跟随数量也存在显著差异，最大值为 253，最小值仅为 1，反映出基金对上市公司的偏好呈现一定的聚集效应。

表 4-4 报告的是主要变量的 Pearson 相关系数。

表 4-4　　　　　　　　　主要变量的 Pearson 相关性数

Panel A：现金股利

	RSQ	DIV	Dividend	Top	Herf2to5	Size	Lev	M/B	Volume
DIV	0.262**								
Dividend	0.270**	0.687**							
Top	0.163**	0.177**	0.226**						
Herf2to5	-0.071**	-0.005	-0.034**	-0.393**					
Size	0.113**	0.271**	0.310**	0.275**	0.027				
Lev	-0.184**	-0.255**	-0.214**	-0.157**	0.019	-0.154**			
M/B	-0.502**	-0.214**	-0.215**	-0.109**	0.118**	-0.019	0.257**		
Volume	-0.041*	-0.043*	-0.017	-0.003	0.060**	-0.006	0.089**	0.070**	
Private	-0.118**	-0.129**	-0.133**	-0.340**	0.128**	-0.221**	0.078**	0.126**	0.059**

Panel B：交易成本				Panel C：机构持股				
	RSQ	TC1	TC2		RSQ	Fund	Inst	FREQ
RSQ	1			Fund	-0.201**	1		
TC1	-0.094**	1		Inst	-0.264**	0.962**	1	
TC2	0.121**	-0.472**	1	FREQ	0.024	0.733**	0.697**	1

注：*、** 分别代表 5%、1% 的显著性水平。

从 Panel A 容易发现，变量 DIV 和 Dividend 有显著的正向关系，相关系数达到 0.687。而且和前面的理论分析一致，两个现金股利测度都同股价同步性（RSQ）保持显著负相关，即支付现金股利的公司股价同步性较高，同时支付现金股利越多，股价同步性也越高。再从 Panel B 可以看到，交易成本的两个测度 TC1 和 TC2，分别与 RSQ 之间有非常显著的负向和正向关系，说明交易成本越高，股价同步性越高，这也与我们的预期一致。对于投资者成熟度，从 Panel C 可以看到，Inst 和 Fund 同股价同步性保持显著负相关，而 FREQ 与 RSQ 的相关系数尽管为正但并不显著，这意味着，有初步的证据支持机构投资者的参与降低了股价的同步性。三个测度变量的相关系数都在 0.69 以上，且十分显著。

二、多元回归结果分析

1. 现金股利与股价同步性

表4-5报告了现金股利对股价同步性的影响。其中,模型(1)和模型(2)是全样本的回归结果,模型(3)~(6)是分年度子样本的回归结果。从模型(1)可见,RSQ与DIV显著正相关,这说明,相对于不支付现金股利的公司来说,发放现金股利的公司其股价同步性波动更大。从模型(2)可见,RSQ与Dividend显著正相关,这说明,公司支付的现金股利越多,股价同步性波动越大。进一步,从模型(3)~(6)的分年度回归可见,RSQ与DIV和Dividend依然都在0.01以下水平显著正相关。与国外现金股利减少套利者持有成本的研究结果相反,我国特殊的股权结构使支付现金股利已成为控股股东掏空上市公司、掠夺流通股股东的一种合法方式,由此产生的代理成本反而会增加套利者的持有成本,减少套利交易的收益。现金股利使套利者的套利能力受到限制,价格不能更好反映出公司内在价值,从而提高股价同步性。因此,上述结果表明,支付现金股利的公司股价同步性波动比不支付现金股利的公司更大,而且公司支付的现金股利越多,其股价同步性波动也越大,这印证了研究假设4-1。

表4-5　　　　　　　　　现金股利与股价同步性

变量	2003~2004年		2003年		2004年	
	(1)	(2)	(3)	(4)	(5)	(6)
Constant	-0.929** (-2.217)	-0.728* (-1.717)	0.165 (0.225)	0.463 (0.626)	-1.697*** (-3.513)	-1.547*** (-3.164)
DIV	0.207*** (7.205)		0.250*** (5.475)		0.177*** (4.953)	
Dividend		9.047*** (7.425)		13.27*** (6.115)		6.804*** (4.884)
Top	0.332*** (3.472)	0.312*** (3.267)	0.426*** (2.846)	0.376** (2.514)	0.249** (2.075)	0.245** (2.034)

续表

变量	2003~2004年		2003年		2004年	
	(1)	(2)	(3)	(4)	(5)	(6)
Herf2to5	0.252 (0.489)	0.336 (0.651)	0.928 (1.123)	0.906 (1.100)	-0.386 (-0.606)	-0.265 (-0.417)
Size	0.0195 (0.995)	0.0123 (0.623)	-0.0292 (-0.851)	-0.0406 (-1.176)	0.0558** (2.465)	0.0506** (2.208)
Lev	-0.0536 (-0.643)	-0.0778 (-0.941)	0.0580 (0.429)	0.0159 (0.119)	-0.144 (-1.423)	-0.159 (-1.570)
M/B	-0.142*** (-23.870)	-0.142*** (-23.835)	-0.148*** (-17.660)	-0.147*** (-17.503)	-0.130*** (-15.040)	-0.130*** (-14.974)
Volume	-3.337 (-1.524)	-3.479 (-1.591)	-6.317 (-1.574)	-7.035* (-1.759)	-2.636 (-1.062)	-2.621 (-1.056)
Private	0.00275 (0.085)	-0.00178 (-0.055)	-0.0657 (-1.271)	-0.0732 (-1.421)	0.0665* (1.660)	0.0626 (1.563)
Year	YES	YES	YES	YES	YES	YES
Industry	YES	YES	YES	YES	YES	YES
Observations	2 328	2 328	1 136	1 136	1 192	1 192
Adj-R^2	0.309	0.310	0.332	0.336	0.257	0.256
F	36.957	37.116	21.128	21.524	15.686	15.653

注：*、**、***分别代表10%、5%、1%的显著性水平，括号中的数字为双尾检验的T值。

2. 交易成本与股价同步性

表4-6报告了交易成本以及投资者成熟度对股价同步性的影响。其中，模型（1）和模型（2）是在检验模型中分别纳入交易成本的两个代理变量时的结果，TC1与交易成本成负向关系，而TC2与交易成本成正向关系。可以看到，与我们的理论预期一致，两种不同测度下的检验都表明交易成本与股价同步性之间存在正向关系；从统计显著性上来看，RSQ与TC1、TC2都在0.01以下水平显著相关，这说明，股票的交易成本越高，股价同步性波动也越大。因为我们采用的是交易成本的间接测度，随着TC1增加，即以金额表示交易量增加，说明市场流动性增强，交易活动对价格冲击减弱，从而真实交易成本降低。随

着真实交易成本减少,套利活动会变得更加活跃,价格更能够反映出公司基本特质,从而减少股价同步性。这印证了研究假设4-2。

表4-6　　　交易成本、投资者成熟度与股价同步性

变量	交易成本		投资者成熟度		
	(1)	(2)	(3)	(4)	(5)
Constant	-0.811 (-1.545)	-1.849 *** (-4.324)	-1.587 *** (-3.389)	-2.223 *** (-4.824)	-3.679 *** (-4.984)
TC1	-1.184 *** (-3.457)				
TC2		1.182 *** (4.070)			
Fund			-0.00388 *** (-3.093)		
Inst				-0.007 *** (-5.958)	
FREQ					-0.0633 *** (-2.687)
Top	0.396 *** (4.114)	0.416 *** (4.321)	0.398 *** (3.937)	0.392 *** (3.962)	0.410 *** (2.649)
Herf2to5	0.380 (0.731)	0.477 (0.917)	1.351 ** (2.558)	0.943 * (1.793)	0.869 (1.192)
Size	0.0588 *** (3.021)	0.0601 *** (3.091)	0.0659 *** (3.052)	0.0893 *** (4.171)	0.165 *** (4.859)
Lev	-0.212 ** (-2.524)	-0.231 *** (-2.733)	-0.182 ** (-2.077)	-0.104 (-1.225)	-0.243 * (-1.742)
M/B	-0.145 *** (-23.996)	-0.144 *** (-23.829)	-0.237 *** (-21.756)	-0.196 *** (-25.601)	-0.146 *** (-7.028)
Volume	6.562 * (1.771)	-3.104 (-1.404)	1.850 (0.806)	0.281 (0.123)	4.845 (1.357)
Private	0.00427 (0.131)	0.00556 (0.170)	0.0305 (0.844)	0.0292 (0.858)	0.0354 (0.564)

续表

变量	交易成本		投资者成熟度		
	(1)	(2)	(3)	(4)	(5)
Year	YES	YES	YES	YES	YES
Industry	YES	YES	YES	YES	YES
Observations	2 328	2 328	1 584	2 020	462
Adjusted R-squared	0.295	0.299	0.284	0.319	0.268
F	34.587	35.209	22.661	33.600	7.022

注：*、**、***分别代表10%、5%、1%的显著性水平，括号中的数字为双尾检验的T值。

单变量分析通过对自变量与因变量统计性描述和均值分析得出自变量与因变量的大致规律，由于没有考虑其他因素的影响，在后文中将通过多元回归分析，对单变量分析的结果进行进一步检验。

3. 投资者成熟度与股价同步性

最后考虑投资者成熟程度。表4-6中模型（3）~（5）是在检验模型中分别纳入基金持股、机构持股以及机构跟随数量这三个变量时的结果。可以看到，变量Fund，Inst和FREQ的检验结果和前面的预期是一致的，即随着机构投资者持股比例或跟随数量增加，股价同步性波动减小；从统计显著性上来看，RSQ与三个测度变量都在0.01以下水平显著负相关，这说明，机构投资者参与程度越高，投资者成熟度越高，股价同步性波动越小。尽管我国机构投资者产生较晚而且在市场中所占的比例较小，但机构投资者确实通过其套利交易向市场传递信息，消除市场的偏误定价，使股票价格反映其内在的基本价值，从而降低股价同步性。这一结果与侯宇和叶冬艳（2008）的发现一致，也印证了本书的假设4-3。

三、稳健性检验

从表4-5和表4-6可见，各模型的F值都在0.01以下水平显著，说明检验模型的拟合效果较好。我们还考察了各模型中自变量的 VIF 值,发现所有自变量的 VIF 值都小于 3,表明模型没有共线性问题。另外,为进一步考察研究结果的可靠性,我们对支付了现金股利的子样本公司再单独进行分析。表 4-7 给出了检验的结果,其中,模型(1)是对全部子样本进行分析的结果,模型(2)和模型(3)是对子样本进一步分年度进行检验的结果。从模型(1)~(3)可见,RSQ 与 Dividend 都正相关,且在 0.01 以下水平显著。这说明,支付更多现金股利的公司股价同步性更高,由此也再次验证了研究假设 4-1。

表 4-7　　　　　　　　支付现金股利子样本的回归结果

变量	2003~2004 年 (1)	2003 年 (2)	2004 年 (3)
Constant	0.331 (0.680)	1.820** (2.083)	-0.712 (-1.286)
Dividend	4.189*** (2.942)	7.081*** (2.681)	2.785* (1.754)
Top	0.497*** (4.250)	0.532*** (2.824)	0.464*** (3.220)
Herf2to5	1.371** (2.285)	2.559** (2.582)	0.445 (0.616)
Size	-0.0232 (-1.026)	-0.0867** (-2.128)	0.0175 (0.678)
Lev	-0.325*** (-3.060)	-0.426** (-2.297)	-0.279** (-2.251)
M/B	-0.242*** (-19.436)	-0.258*** (-14.039)	-0.220*** (-12.647)
Volume	1.363 (0.469)	-2.671 (-0.495)	3.871 (1.168)
Private	-0.00947 (-0.218)	-0.0930 (-1.250)	0.0448 (0.874)

续表

变量	2003~2004年 (1)	2003年 (2)	2004年 (3)
Year	YES	YES	YES
Industry	YES	YES	YES
Observations	1 126	520	606
Adj-R^2	0.342	0.381	0.295
F	21.172	12.399	10.047

注：*、**、***分别代表10%、5%、1%的显著性水平。

第五节 本章小结

理论上，股价同步性只源于公司基本面的同质性；然而，现实中导致股价波动同步性波动的因素却有很多。由于公司私有信息的传递主要依靠市场套利者的交易行为，因此套利者的套利能力将决定股价中特质信息含量的多少，进而影响股价同步性。

与国外研究不同，在我国，现金股利已成为控股股东隧道挖掘的工具，增加了套利者的持有成本，从而与交易成本和投资者成熟度一起成为制约套利者套利能力的重要因素。因此，在有限套利理论的框架下，本章构造了现金股利、交易成本以及投资者成熟度的代理变量作为有限套利的直接度量，对有限套利与股价同步性以及市场效率之间的关系进行探索，并以我国2003~2004年沪深两市的上市公司为样本进行了实证检验。结果发现，现金股利和交易成本对股价同步性有着显著的正向影响，而投资者成熟度与股价同步性显著正相关，这说明现金股利增加或交易成本增加，都会限制套利交易并且降低市场效率，使得股价同步性波动趋势上升；而机构投资者因为促进了市场的套利活动，增加了股价的信息含量，从而减小股价同步性波动的表现程度。这些结果一致证明，市场对套利的限制越严重，股价同步性越高，资本市场的效率也就越低。

本章的研究结论具有重要的理论与现实意义。首先，本章选择从市场有限套利的全新角度去探索产生股价同步性的原因，拓展了对我国股价同步性的研究。其次，本章得出了不同于国外有关现金股利研究的结论，证明现金股利作为控股股东隧道挖掘的工具增加套利者的持有成本，进而影响股价同步性。最后，加深了对我国资本市场中机构投资者的理解和认识，肯定了他们在提高市场效率方面所起到的积极作用，同时也为进一步降低市场交易成本、提高投资者成熟度，从而提高市场效率提供了理论上的依据。

第五章
产品市场竞争、董事会治理与股价同步性的实证研究

本章是实证研究的第二部分，根据 2003～2005 年中国上市公司的数据，主要从公司内外部治理的角度探寻能够解释同期中国证券市场上股价同步性波动现象的重要原因。本章首先对国内外公司治理与股价同步性的相关研究进行简要的梳理，进而分别对产品市场竞争对股价同步性的影响、董事会治理对股价同步性的影响以及两者对股价同步性的交互影响进行深入的理论分析，阐明各自的内在作用机理。在理论分析的基础上，本章采用实证研究方法，以我国制造业上市公司为研究样本，构建多元回归模型进行多方面的实证结果分析。最后，提出本章的研究发现与主要贡献。

第一节 问题的提出

近年来，股价同步性波动现象及其解释已成为公司财务学领域的一个研究热点。默克等（2000）对 40 个国家的研究发现，各国股票市场价格波动的同步性存在显著差异，我国高居其中第二位。他们认为，各国法律体系对产权保护程度的不同是导致股价同步性波动产生差异的根本原因。由于较弱的产权保护环境会增加投资者的信息成本，使套利者更多以市场平均价值水平作为公司实际价值的替代，从而使股价波动出现同步性。赫顿等（2009）从公司层面观察信息透明度与股票收益率波动之间的关系，研究发现，公司信息不透明度越高，股价同步性越高。

同时，股价同步性与资本市场效率的关系也引起了国外学者的关注。沃格勒（2000）对 65 个国家股票市场的比较研究表明，资本市场的资源配置效率与股价同步性之间存在显著的负相关关系，即股票市场的同步性越低，资源配置效率越高。杜尔涅夫等（2004）研究发现，股价同步性较低的公司投资效率较高，这是因为高信息含量的股票价格能引导公司治理机制更好地发挥作用。

在对我国的研究中，李增泉（2005）最早将保护投资者权益的机制扩展到公司治理的层面，研究所有权安排如何替代司法体系对股价同步性的影响，结果发现所有权性质和集中度都对股价同步性具有显著的影响。游家兴等（2007）

发现，伴随着我国制度建设的逐步推进、不断完善的历史过程，股价波动的同步性趋向减弱。侯宇和叶冬艳（2008）研究认为，机构投资者交易确实降低了股价同步性，提高了市场的效率。古尔等（2010）发现，境外投资者持股和审计质量与股价同步性负相关。

实质上，以上对我国的研究都是从公司治理的角度去解释股价同步性波动的原因。公司治理机制可以分为外部治理机制和内部治理机制。企业的外部治理机制包括法律和政治途径、产品和要素市场竞争、公司控制权市场、声誉市场等。内部治理机制主要由董事会、大股东治理、融资结构、激励合约等构成。自然地，产品市场竞争作为公司重要的外部治理机制之一，以及作为公司内部治理核心的董事会是否也会对公司股价的同步性产生影响？从现有文献来看，尚未有研究分析产品市场竞争和董事会治理对股价同步性的影响，更未对产品市场竞争和董事会治理对股价同步性的交互作用进行研究。于是，探讨产品市场竞争、董事会治理对股价同步性的影响，以及前两者之间是否存在一定程度的替代或互补效应，成为本章研究的主题。

第二节 理论分析

1. *产品市场竞争对股价同步性的影响*

随着对公司治理机制研究的深入，越来越多的学者认为竞争是公司治理机制的重要组成部分，并将产品市场竞争作为一种重要的外部治理。一般地，产品市场竞争可从两个方面发挥治理作用。首先，产品市场竞争可以反映公司的经营状况，减少信息不对称；其次，产品市场竞争最终表现为公司的竞争，这种竞争将起到激励和约束大股东和管理层的作用。国外研究表明，产品市场竞争会对公司的股票价格表现产生显著的影响。加斯帕和马萨（Gaspar and Massa，2006）调查了公司竞争性环境和股票特质收益率波动之间的关系，证实竞争可以从两方面增加公司股价的特质性波动：一是公司的市场力量可以作为一个自然的对冲工具，平滑由于成本变动等外部因素所引起的现金流波动，而在一个竞争性的环境中，单个公司的市场力量会变得更渺小；二是竞争增加了投资者对于公司未来盈利预期的不确定性，因而增加了股票特质收益率的波动。欧文和庞迪夫（Irvine and Pontiff，2009）发现，作为一个有效市场，美国公司在 1962~2001 年的 40 年间特质收益率波动性的显著提高正是反映了基本现金流波动性的增加，而后者的增加则要归因于在经济领域内越来越激烈的竞争。竞争不仅使公司盈利的波动性变得更大（Raith，2003），同时也减少了同行业公司之间现金流的相关性，从而导致较大的特质性风险。此外，竞争也很好地解释了默克等（2000）研究所发现的各国之间股价同步性存在显著差异的现象。这是因为各国之间信息环境的透明度存在差异，而信息不透明会阻碍一个国家的产品市场竞争，影响其基本的商业环境，进而影响股票价格的同步性。

2. 董事会治理对股价同步性的影响

董事会是解决公司代理问题的一种重要制度安排，是现代公司治理的核心。其中，董事会治理包括董事会规模、董事会独立性、董事会领导结构以及董事会会议等能进行定量描述的特征变量，这些特征变量直接影响董事会的治理效应。董事会规模常常被视为影响董事会效率的关键因素，许多学者认为规模相对较小的董事会更有利于提高治理效率。利普顿和洛尔施（Lipton and Lorsch，1992）认为，虽然董事会的监督能力随着董事数量的增加而提高，但由此带来的协调与组织过程的效率损失将超过其数量增加所带来的收益。詹森（Jensen，1993）研究发现，董事会人数太多就可能导致董事会治理失效，而且很容易受到首席执行官（CEO）的控制。约梅克（Yermack，1996）则认为具有较小规模董事会的公司具有较高的市值。沈艺峰和张俊生（2001）发现，董事会规模过大可能是 ST 公司董事会治理失败的原因之一。

在规模一定的前提下，董事会的独立性被认为是保证董事会监督效率的重要因素，而独立董事制度则是提高董事会独立性的一种制度安排（Fama and Jensen，1983）。韦斯巴赫（Weisbach，1988）研究表明，如果独立董事具有投票控制权，那么具有较差绩效的 CEO 更可能被撤换。伯德和希克曼（Byrd and Hickman，1992）发现，当决策更可能是由外部独立董事占优势的董事会做出时，在收购竞价公告日前后的超常竞价收益的数额是巨大的。我国证监会也从 2001 年开始在上市公司强制推行独立董事制度。

公司领导结构是指公司的董事长与总经理是否由一个人兼任。代理理论认为，董事长和总经理两职应分离，以维护董事会监督的独立性和有效性。但是代理理论的解释并不符合现代组织行为和组织理论方面的研究成果。相应地，现代管家理论则认为，两职合一有利于企业创新自由地发挥，使企业在竞争激烈而又瞬息万变的市场环境中更好地生存和发展。贾奇和米勒（Judge and Miller，1991）研究发现，在高度不确定的环境中，两职合一以放弃多数同意和平等参与为代价可能会导致快速的决策制定过程，这可能是一项提升公司效率的措施，但在相对稳定的环境中，则可能会导致治理机能失调。于东智（2002）认为，在我国现行的制度框架下，总经理兼任董事（不包括董事长）可能是一种较好的选择。

董事会会议是董事会成员进行沟通、形成决策进而履行其监督职能的重要途径。康格和芬戈尔德（Conger and Finegold，1998）发现，董事会会议时间在提高董事会效率方面显得很重要。瓦费斯（Vafeas，1999）认为，董事会的活动是董事会参与公司治理的一个重要方面，而且对于一个公司而言，调整董事会的会议频率以获得更好的公司治理效果比改变董事会构成或所有权结构、改进公司章程等看起来更容易，成本也更小。安德森等（Anderson et al.，2004）实证研究发现，董事会会议频度与财务舞弊行为发生的概率呈负相关关系。

3. 交互作用对股价同步性的影响

资源依赖理论认为，环境的不确定性是影响公司内部治理机制的重要因素。产品市场竞争和内部治理机制在对公司施加影响时，可能表现为同向变动，也可能表现为反向变动。同向变动为互补关系，反向变动则为替代关系。国内外对公司内部治理和竞争究竟是互补还是替代关系的研究主要集中在对公司会计业绩的影响上，对此理论和实证研究都没有提供清晰的答案。例如，阿吉翁等（Aghion，1999）在模型中认为，竞争是良好公司治理的替代；相反，霍姆斯特姆和米尔格龙（Holmstrom and Milgrom，1994）分析认为，在多任务的委托代理框架下各种激励机制是互补的。实证研究方面，雅努谢夫斯基等（Januszewski et al.，2002）对德国的研究发现，竞争与高度集中的股权结构对企业生产率的影响是互补的；格罗斯费尔德和特雷塞尔（Grosfeld and Tressel，2001）对波兰的研究得出了类似的结论，所有权和竞争之间存在互补关系，即竞争的积极效应在所有权结构较优的公司中更为明显。但是，安杰卢奇等（Angelucci et al.，2002）对保加利亚和罗马尼亚的研究则并没有发现上述现象。相反地，尼克尔等（Nickell et al.，1997）发现，在英国，债权治理和股东控制可以作为产品市场竞争的替代。

关于国内的研究，施东晖（2003）认为，市场竞争和所有权结构在强化公司治理方面存在互补关系。谭云清等（2007）发现，市场竞争与经理报酬之间呈显著的互补关系。宋常等（2008）研究表明，在不同竞争度的产品市场中，董事会发挥的治理功能也不相同。宋增基等（2009）发现，市场竞争与董事会对公司绩效具有显著的替代性。胡一帆等（2005）的研究则未发现竞争与公司治理之间存在某种程度的替代性。

针对上述研究发现，本章下一部分的研究设计将把对产品竞争与公司内部治理交互作用的研究拓展到公司在证券市场的股价表现上。

第三节 研 究 设 计

一、样本选取与数据来源

本章选择 2003～2005 年间在沪、深证券交易所上市的全部制造业公司作为研究样本。制造业的分类标准依据证监会 2001 年颁布的《上市公司行业分类指引》。在样本筛选过程中，剔除以下样本：（1）当年度 IPO 的公司，由于公司 IPO 时股价会有特殊的波动性；（2）年度内少于 200 个交易日的上市公司；（3）数据不全和数据异常的样本。最终得到 1 999 个公司—年有效样本。研究中所使用的数据源于国泰安 CSMAR 和 CCER 数据库。

二、变量定义

(一) 股价同步性的衡量

参考默克、杨和于（2000）的方法，本章用 CAPM 模型的拟合系数 R^2 衡量股票价格的同步性：

$$r_{i,t} = \alpha_i + \beta_i r_{m,t} + e_{i,t} \tag{5.1}$$

其中，$r_{i,t}$ 和 $r_{m,t}$ 分别为研究期间内第 t 个交易日的公司收益率与市场收益率（市场收益率分别用沪市和深市的综合指数收益率表示）；$e_{i,t}$ 表示残差，它捕捉了市场信息无法解释的收益率，反映公司股票收益的特质性部分。定义每个年度的研究期间为该年度第一个交易日至最后一个交易日。

根据统计学原理，R^2 的经济含义可以理解为股票价格的变动被市场波动所解释的比例。因此，R^2 越大，表示公司股票价格与市场的同步性程度越高。由于 R^2 的取值区间为（0，1），不符合最小二乘法的要求，因此在进行回归分析时，我们对 R^2 进行如下的对数转换：

$$RSQ_i = \log\left(\frac{R_i^2}{1 - R_i^2}\right) \tag{5.2}$$

(二) 解释变量

1. 产品市场竞争

企业的主营业务利润率基本上与所属行业的竞争性呈反向关系。尼克尔（1996）指出，企业的主营业务利润率在某种程度上可以视为企业的"垄断租金"。垄断租金越高，意味着其他企业进入成本越高，从而产品市场竞争程度越低；反之，产品市场竞争程度越高。兰多和延森（Randoy and Jessen，2004）认为主营业务利润率不仅反映了市场竞争的程度，也反映了企业长期运营的结果，以长期运营为基础的变量比市场结构指标与公司治理更相关。为此，本章选用企业的主营业务利润率来衡量产品市场竞争程度。

2. 董事会治理

本章选择董事会规模、董事会独立性、董事会领导结构和董事会会议次数等能做定量描述的变量作为董事会的治理变量。一般地,与内部董事相比,外部独立董事和公司没有关联,因而具有更高的客观性,更能有效地行使监督职能。我们用独立董事占整个董事会的比例来代表董事会的独立性。董事会领导结构则是指董事长是否同时兼任公司的总经理。如果两职兼任,则为一元领导权结构,否则就是二元领导权结构。

3. 控制变量

参照以往研究,本章加入以下变量作为控制变量:第一大股东持股、公司规模、资产负债率、市账比、换手率和实际控制人。另外还加入年度和行业虚拟变量,用来控制潜在的年度和行业固定效应。

三、模型设计

为了检验产品市场竞争、董事会治理与股价同步性的关系,我们构建以下多元回归模型:

$$RSQ_{i,t} = \alpha + \beta_1 Competition_{i,t} + \beta_2 Board_{i,t} + \beta_3 Competition_{i,t} \times Board_{i,t} + \beta_4 Control_{i,t} + \varepsilon_{i,t} \tag{5.3}$$

显然,该模型将产品市场竞争、董事会治理与股价同步性等变量统一到一个模型之中,从而可以分析它们的相互关系。其中,β_3 表示产品市场竞争与董事会治理的交互关系。表 5-1 列出了各变量的定义及计算方式。

表 5-1　　　　　　　　　　变量定义及其计算方式

变量	符号	定义
产品市场竞争	Competition	(主营业务收入-主营业务成本-营业税金及附加)÷主营业务收入
董事会(Board)		
董事会规模	Director	董事会总人数
独立董事比例	Independent	独立董事占董事总人数的比例
领导结构	Duality	总经理是否兼任董事长,若兼任其值为1,否则为0
董事会会议次数	Meeting	董事会当年开会的次数

续表

变量	符号	定义
控制变量（Control）		
第一大股东持股	Top	第一大股东所持股份占公司总股本的比例
公司规模	Size	年初总市值的自然对数
资产负债率	Lev	总负债÷总资产
市账比	M/B	总市值÷净资产
换手率	Volume	年度内上市公司日换手率的平均值
实际控制人	Private	实际控制人为民营、外资或集体所有制等企业时，取值为1，为国有企业时取值为0

第四节　实证结果与分析

一、描述性统计分析

表5-2列示了主要变量的描述性统计结果。平均来讲，2003~2005年我国制造业上市公司股价日收益率的33.8%可以由市场收益率予以解释，远高于发达国家，但与以前年度相比，股价波动的同步性趋向减弱。Competition 的标准差为0.132，且最大值和最小值的差别也较大，说明我国制造业上市公司面临的产品市场竞争程度差异很大。从公司治理变量来看：（1）董事会规模的差异较大，最多时为18人，最少时仅3人，其中9人董事会占总样本数的46.12%，成为制造业公司最为偏爱的规模；（2）Independent均值为34.1%，标准差仅为0.053，说明独立董事比例的离散型很小，比例较为集中，大部分公司的独立董事主要是为了达到证监会关于"董事会成员中至少有三分之一独立董事"的要求；（3）绝大多数公司的董事长与总经理两职处于分离状态，Duality 均值仅为 0.109；(4) 董事会会议的频度相差很大，一年内最多的达 30 次，而最少的为 0 次 (见表 5-2)。

表 5-2　　主要变量的描述性统计

变量	均值	中位数	标准差	最小值	最大值	样本数
R^2	0.338	0.347	0.126	0.002	0.644	1 999
RSQ	-0.764	-0.632	0.733	-6.405	0.593	1 999
Competition	0.198	0.182	0.132	-1.134	0.773	1 999
Director	9.609	9	2.057	3	18	1 999
Independent	0.341	0.333	0.053	0	0.750	1 999
Duality	0.109	0	0.311	0	1	1 999
Meeting	7.218	7	2.801	0	30	1 999
Top	0.44	0.439	0.166	0.081	0.850	1 999
Size	21.335	21.228	0.758	19.009	25.206	1 999
Lev	0.463	0.461	0.172	0.023	0.966	1 999
M/B	2.898	2.264	2.287	0.663	24.319	1 999
Volume	0.013	0.011	0.008	0.00015	0.060	1 999
Private	0.28	0	0.449	0	1	1 999

二、多元回归分析

1. 产品市场竞争对股价同步性的影响

表 5-3 给出了产品市场竞争和董事会治理对股价同步性的影响。从模型 (1) 可以发现，主营业务利润率的回归系数为正且在 5% 的水平上显著，这意味着上市公司的垄断租金越低，即产品市场竞争越激烈，股价同步性 RSQ 越低。可见，市场竞争程度对股价同步性有负向影响，这种影响来自市场竞争引起公司现金流的特质波动性上升，以及投资者对股价预期的更大的不确定性，因而增加了公司的特质性风险、降低了股价同步性。由于产品市场竞争抑制股价波

动的"同涨同跌"现象，能反映出更多的公司特质风险，从而也提高了我国资本市场的运营效率。

表 5-3　　　　　　　产品市场与公司治理对股价波动性

变量	(1)	(2)	(3)
(Constant)	-1.268*** (-2.946)	-1.290*** (-2.975)	-1.318*** (-3.042)
Top	0.258*** (2.798)	0.237*** (2.569)	0.251*** (2.712)
Size	0.032* (1.644)	0.032 (1.573)	0.029 (1.457)
Lev	-0.300*** (-3.360)	-0.313*** (-3.607)	-0.263*** (-2.931)
M/B	-0.148*** (-22.044)	-0.144*** (-21.488)	-0.145*** (-21.608)
Volume	-4.276** (-2.220)	-4.104** (-2.142)	-4.354** (-2.271)
Private	-0.027 (-0.799)	0.004 (0.110)	-0.003** (-0.083)
Competition	0.276** (2.243)		0.261 (2.131)
Director		0.013* (1.852)	0.013* (1.882)
Independent		0.417 (1.541)	0.422 (1.563)
Duality		-0.109** (-2.412)	-0.105** (-2.326)
Meeting		-0.022*** (-4.269)	-0.021*** (-4.241)

续表

变量	(1)	(2)	(3)
年度效应	Yes	Yes	Yes
行业效应	Yes	Yes	Yes
F	45.933***	40.973***	39.387***
Adj-R^2	0.288	0.296	0.297
样本量	1 999	1 999	1 999

注：*、**、***分别表示10%、5%、1%的显著性水平，括号中的数字是双尾检验的T值。

2. 董事会治理机制对股价同步性的影响

表5-3的模型（2）和模型（3）考察了董事会治理变量对公司股价同步性的影响。其中，股价同步性与董事会规模显著正相关，这个结果与代理理论的观点一致。虽然董事会的监督能力随着董事数量的增加而提高，但是协调和组织过程的损失将超过董事数量增加所带来的收益，所以大董事会不如小董事会更有效率。股价同步性与独立董事比例的相关关系则并不显著，意味着独立董事对股价同步性并没有显著的抑制作用，这可能是因为独立董事的相关机制尚不完善，独立性缺乏，未能在公司治理中发挥实质性作用。这与国内许多关于独立董事作用的研究结论类似。总经理和董事长两职合一与股价同步性显著负相关，支持现代管家理论的观点。尽管两职合一会产生内部人控制并削弱董事会的监督职能，但是两职合一的代理成本和信息成本比两职分离更低，同时不存在领导利益的摩擦和责任的相互推脱，两职兼任有利于降低股价同步性。另外，董事会会议次数的回归系数为负且在1%的水平上显著，该结果表明积极的董事会行为对降低股价同步性起到重要的作用。这也反映出董事会会议作为董事会行为特征的综合变量，并非只是走走形式或被动的事后反应。整体而言，董事会治理效率越高，公司股价同步性波动幅度越小。

3. 产品市场竞争与董事会治理关系对股价同步性的交互影响

表5-4将产品市场竞争和董事会治理状况相联系，以考察两者对股价同步性的交互作用。为了避免产品市场竞争与公司治理的交叉变量过多而引起多重共线性的问题，我们将4个交叉变量逐个纳入模型中。整体上讲，董事会治理变

量的统计特征与表 5-3 基本一致，除董事会规模与产品市场竞争的交互项不显著外，其余交互项的系数都至少在 5% 的水平上显著。其中，模型（4）的结果表明，董事会规模对股价同步性的影响与产品市场竞争的激烈程度无关，且由于受到与产品市场竞争交叉项的干扰，董事会规模的系数也由 10% 的弱显著性变为不显著。模型（5）显示，Competition × Independent 的系数显著为正，这表明，尽管整体上独立董事对股价同步性尚没有显著的抑制作用，但随着产品市场竞争程度的加剧，独立董事对减小股价同步性波动的治理效应越来越明显。模型（6）显示，Competition × Director 的系数在 1% 的水平上显著为正，可见在产品市场竞争越激烈的环境中，两职合一的领导结构更有效率，更适于减少公司股价的同步性。最后，在模型（7）中，Competition × Meeting 的系数同样显著为正，也就是说，产品市场竞争与董事会会议次数具有显著的互补性，在竞争较充分的市场中，董事会会议时间对提升董事会效率的作用愈加重要，竞争强化了董事会会议次数对股价同步性波动的影响。

表 5-4　　　　　　产品市场竞争与公司治理的交互作用

变量	(4)	(5)	(6)	(7)
(Constant)	-1.278*** (-2.949)	-1.272*** (-2.936)	-1.283*** (-2.968)	-1.263*** (-2.915)
Top	0.248*** (2.680)	0.250*** (2.704)	0.248*** (2.692)	0.248*** (2.688)
Size	0.030 (1.495)	0.030 (1.473)	0.031 (1.520)	0.029 (1.443)
Lev	-0.276*** (-3.081)	-0.267*** (-2.973)	-0.295*** (-3.404)	-0.271*** (-3.040)
M/B	-0.145*** (-21.559)	-0.145*** (-21.593)	-0.143*** (-21.481)	-0.145*** (-21.593)
Volume	-4.292** (-2.238)	-4.347** (-2.266)	-4.065** (-2.128)	-4.330** (-2.259)
Control	-0.002 (-0.048)	-0.002 (-0.058)	0.003 (0.075)	-0.002 (-0.049)

续表

变量	(4)	(5)	(6)	(7)
Director	0.009 (1.231)	0.014* (1.889)	0.014* (1.925)	0.014* (1.921)
Independent	0.423 (1.563)	0.283 (1.017)	0.422 (1.566)	0.424 (1.571)
Duality	-0.105** (-2.335)	-0.105** (-2.330)	-0.293*** (-4.317)	-0.106** (-2.344)
Meeting	-0.021*** (-4.230)	-0.021*** (-4.238)	-0.021*** (-4.256)	-0.028*** (-4.716)
Competition × Director	0.021 (1.640)			
Competition × Independent		0.711** (1.963)		
Competition × Duality			0.940*** (3.622)	
Competition × Meeting				0.033** (2.037)
年度效应	Yes	Yes	Yes	Yes
行业效应	Yes	Yes	Yes	Yes
F	39.266***	39.342***	39.947***	39.361***
Adj-R^2	0.296	0.297	0.300	0.297
样本量	1 999	1 999	1 999	1 999

注：*、**、***分别表示10%、5%、1%的显著性水平，括号中的数字是双尾检验的T值。

综合表5-4的分析表明，产品市场竞争与董事会治理对降低股价同步性具有互补性，即产品市场的高强度竞争对提高董事会的治理作用具有显著的正效应。因此，作为公司内外两种不同的治理机制，产品市场竞争与董事会可以相互补充，共同发挥其治理作用，进而降低股价同步性，提高市场效率。

为了检验结果的稳定性，我们使用滞后1年的主营业务利润率对模型重新进行了回归分析，发现统计结果无实质性差异，限于本书篇幅，检验结果在此省略。

第五节 本章小结

本章对我国制造业上市公司的产品市场竞争、董事会治理与股价同步性的关系进行了实证研究。研究结果表明：有效的产品市场竞争对抑制公司股价同步性具有积极的作用，整体上，董事会治理显著地降低了公司股价同步性。其中，两职兼任的领导结构有助于减少股价同步性；而董事会规模越小，会议次数越多，公司治理就越有效率，股价同步性也越低；独立董事则未能对股价同步性起到显著的治理作用，这可能与独立董事制度尚不完善有关。进一步的分析则显示，董事会治理在产品竞争越激烈的环境中越能发挥其正面作用，降低股价同步性，即产品市场竞争和董事会治理之间存在一种互补关系。

上述发现在理论和实践层面都具有重要价值。从理论层面来说，本章的研究深化了竞争与董事会治理对于股价同步性作用的理解，解答了两者究竟是互补还是替代关系这一重要命题；同时表明公司内外部治理机制可以相互融合，而不应相互排斥，单纯地只强调产品市场竞争或董事会治理都是不完善的。就实践层面而言，完善董事会治理的同时应建立有效的市场竞争机制，使企业真正实现市场化，这对于共同发挥公司内部和外部治理机制的作用，加强投资者保护，降低股价同步性，进而提高我国资本市场的效率，具有重要的现实意义。

第六章
信息性交易概率与股价同步性的实证研究

本章是实证研究的第三部分，根据2003~2004年中国上市公司的数据，着力探究同期中国证券市场上股价同步性所代表的真实经济含义以及知情交易对股价同步性波动的影响。本章首先对R^2作为股价同步性度量指标的历史渊源进行梳理，并从信息论与噪声论的两个对立角度对R^2经济含义的相关文献进行分类综述。接下来，基于私有信息价格融入的渠道分析知情交易对股价同步性的影响，并将信息细分为市场信息和个股信息，以区分不同类型信息对股价同步性的差异性影响。本章基于理论分析进行研究设计，主要应用EKOP模型估计信息性交易概率来度量知情交易，并将信息性交易概率分解为市场信息性交易概率和个股信息性交易概率，分别构建多元回归模型进行实证检验。

第一节 问题的提出

近年来，股价同步性波动现象及其解释已成为公司财务学研究领域的一个热点问题。罗尔（1988）开创性研究发现，在美国，股票价格的波动只有约20%能够为市场的系统性因素所解释，大部分波动是由公司特质信息通过知情交易融入股价中引起的，并且CAPM模型的拟合系数R^2越小，股价中包含的公司特质信息就越多。默克等（2000）则最先将R^2作为股价同步性的度量，并认为R^2反映了股价中的特质信息含量，R^2越小，股价中包含的公司特质信息就越多。其后一系列的研究也都支持了默克等的信息论观点。沃格勒（2000）进一步的研究发现，股票市场的同步性越高，即R^2越大，市场资源配置效率越低。自此以后，R^2就作为度量股价信息含量和资本市场效率的指标而被广泛使用。同样，国内学者以我国证券市场为背景也对股价同步性做了一系列的研究。

然而，国外有不少的学者开始质疑股价同步性或R^2是否代表股价中特质信息含量的多少，并提出了相反的实证依据。例如，凯利（2005）发现，R^2越小的股票，其信息环境越差。阿什宝等（2005）研究表明，R^2和未来的盈利信息之间也没有一致的联系。赵等（2007）对4个著名的会计异象进行检验后发现，R^2越小，会计异常的程度反而更显著。这些都与R^2的信息论观点相违背。国内则较少有这方面的质疑，以往的研究多数也都接受 R^2 能够度量股价中公司特质信息含量的观点，而未进行严格验证。那么，在我国，股价同步性究竟能否度量股价中公司特质信息的含量？目前国内这方面的相关研究还较少。而默克等（2000）对 40 个国家的研究表明，中国证券市场的股价同步性波动程度其实非常严重，在排行榜中高居第二位；股价同步性波动不仅损害资本市场的效率，也会对公司的投资决策等造成负面的影响。因此，开展对我国证券市场股价同步性之信息度量标准的研究具有十分重要的理论和现实意义。

知情交易是私有信息向股票价格进行传导的关键渠道，对知情交易的度量也一直是市场微观结构研究的难点之一。伊斯利等（Easley et al., 1996）提出用信息性交易概率作为知情交易的直接度量，并构建了一个用于估计信息性交易概率的连续时间序贯交易模型。伊斯利等（2002）首先应用 EKOP 模型估计出信息性交易概率来检验知情交易对资产定价的影响。我国学者也主要采用 EKOP 模型研究证券市场的知情交易。其中，杨之曙等（2004）最先将 EKOP 模型从纽约证券交易所的做市商市场扩展到我国以电子撮合交易为特征的委托单市场，并实证检验了上海证券交易所信息性交易概率和股票买卖价差之间的关系。李朋和刘善存（2006）、韩立岩等（2008）以及许敏和刘善存（2010）也都对我国的信息性交易概率进行了相关研究。

理论上，根据信息论对 R^2 的解释，如果股价同步性代表的是公司特质信息含量的多少，那么信息性交易概率越高的股票，说明更多的特质信息会通过知情交易融入股价中，股价信息含量越高，股价同步性波动就应越小；反之，如果信息性交易概率越高，R^2 越大，或两者不存在一定的关系，则说明 R^2 并不能反映股价中特质信息含量的多少。

目前国内外尚没有研究信息性交易概率和股价同步性之间关系的相关文献。本章将从市场微观结构的角度出发，对在深圳证券交易所主板上市的股票的信息性交易概率和股价同步性的关系进行实证研究，希望为股价同步性指标的经济含义提供科学的实证依据，并建立起联结微观结构理论和公司财务理论的桥梁。

本章其余部分的结构安排如下：理论分析与研究假设；介绍 EKOP 模型；研究设计；实证结果及分析；本章小结。

第二节 理论分析与研究假设

一、知情交易对股价同步性的影响

关于股价同步性的经济含义，国外学者进行了大量的研究。罗尔（1988）最早将线性回归模型的统计量 R^2 与公司特质信息联系在一起，他在研究美国市场系统性因素对股票价格的影响时发现，资本资产定价模型对股票收益率的平均解释力其实十分有限，股价的波动仅有较小的部分可以为系统性因素和行业性影响所解释。罗尔（1988）解释道，R^2 较低的原因可能是：（1）公司的私有信息融入股价；（2）与具体信息无关的偶发狂热因素导致。

默克等（2000）继承了罗尔的信息论观点，并首次将 R^2 作为股价同步性的度量指标。他们对 40 个国家的研究发现，各个国家和地区的股价同步性波动存在较大的差异，在资本市场落后、投资者法律保护较差的发展中国家，股价同步性较高。他们认为，这是因为较弱的产权保护环境增加了投资者信息搜索的成本，阻碍了套利者基于私人信息的交易行为，从而降低了股价中的公司特质信息含量，导致股价同步性波动较大。杜尔涅夫等（2003）研究发现，R^2 较低的公司当前收益率与未来盈利的相关性更强，说明有更多的公司特质信息反映到了股票现价当中，从而也支持罗尔的第一种解释。吉恩和迈尔斯（2006）证实了默克等（2000）的结论，认为各国信息透明度的不同是导致国家间股价同步性差异的原因。透明度越低，外部投资者能了解的公司特质信息就越少，导致投资者只能依据市场平均收益对公司进行预期，从而降低了股价所反映的公司特质信息含量，R^2 较高。赫顿等（2009）从公司微观层面研究信息透明度与股价同步性之间的关系，并采用盈余管理来度量信息不透明度，发现公司信息不透明程度越高，股价同步性波动越大。

此外，其他许多研究也接受或实证支持了罗尔的信息论解释。沃格勒（2000）对 65 个国家股票市场的比较研究进一步表明，资本市场的资源配置效率与股价同步性之间存在显著的负相关关系，即股票市场的同步性越低，股价中所包含的公司特质信息越多，资源配置效率越高；反之亦然。杜尔涅夫等（2004）研究发现，股价同步性较低的公司投资效率较高，因为高信息含量的股价引导公司治理机制更好地发挥作用，激励管理层进行更为有效的投资决策。皮奥特洛斯基和罗尔斯登（2004）研究证券分析师、机构投资者和内部人三类知情人行为如何影响股价对公司特质信息、行业及市场信息的反应。结果发现，机构投资者及内部人的知情交易传递公司层面信息，促进股价对公司特质信息的吸收，降低股价同步性；而分析师传播的主要是行业内信息，相应减少股价中的特质信息，股价同步性反而增加了。陈和哈米德（2006）的研究也证明，在新兴市场，证券分析师主要搜集的是市场层面的信息，而非公司基本面信息，分析师关注度的增加反而提高了股票价格的同步性。古尔等（2010）用中国的数据进行检验之后发现 R^2 在中国同样能衡量股价的信息含量。

国内学者也有不少关于股价同步性的研究。李增泉（2005）将股价同步性的研究拓展到单一国家公司治理的层面，研究结果表明，无论是所有权集中度还是所有权性质都对股票价格的信息含量具有显著的影响。游家兴等（2007）研究发现，伴随制度建设的逐步推进和不断完善，股价波动的同步性趋向减弱，股票价格所反映的公司特质信息越来越丰富。朱红军等（2007）研究证券分析师与股价同步性的关系，经验证据表明，分析师的信息搜寻活动能够提高股价的信息含量，使其包含更多公司基本面的信息，减小股价同步性波动。侯宇和叶冬艳（2008）认为，机构投资者的作用直接体现为通过知情人交易向市场传递信息，实证结果也显示机构投资者交易确实增加了股价中的特质信息含量，减小了股价同步性波动。但是，我国的这些研究多数都只是假设 R^2 代表的是股价中包含特质信息的多少，即承认罗尔的信息论解释，而并未深入探讨 R^2 所代表的经济含义。

也有不少学者对罗尔的第一种观点陆续提出质疑，同时提供了许多信息论难以解释的新证据。例如，凯利（2005）采用交易成本、流动性、信息成本和投资者关注度作为股票信息环境的度量，发现 R^2 越低股票的信息环境越差，因而指出 R^2 并不是衡量信息效率的可靠指标。罗基戈帕和文卡塔查拉姆（2006）

发现，如果使用应计质量和分析师盈利预测分歧作为刻画财务报告质量的代理变量，那么财务报告质量的下降可以很好地解释1962～2001年的40年间美国上市公司特质收益率波动的上升。阿什宝等（2005）发现在英美等全球最大的6个市场上，R^2和对未来盈利信息的定价之间的关系并不统一，对分析师预测误差和外国公司在美国上市的研究结果也不支持股价同步性代表信息含量的观点。赵等（2007）通过对4大财务学异象进行检验后发现，R^2越小，会计异常的程度越显著；直接调查信息质量和R^2之间的关系，则得到与杜尔涅夫等（2003）相对立的结论，即R^2与公司特质信息质量或者透明度正相关。因此断定，公司特质的不确定性才是决定R^2大小的关键因素。

罗尔的第二种解释认为，R^2所反映的主要是股票收益中的噪声、泡沫、狂热等与公司基本因素无关的投资者非理性行为。如果这种解释是正确的，R^2代表的将是定价的无效率，较低的R^2意味着股价更大程度地偏离公司的基本价值。为此，另一批学者支持噪声论的观点。韦斯特（1988）较早用数学模型证明噪声交易产生的泡沫可以导致股价波动率的上升，实证研究也表明过高的股价波动性难以被股利等基本面因素充分解释。阿什宝等（2005）则验证了韦斯特的理论模型，发现公司特质收益率的波动和市场泡沫、狂热情绪等因素正相关。巴伯瑞斯（2005）等在行为金融学的框架内研究发现，当公司被纳入或剔除标准普尔500指数后，由于大量投资者对此类公司的特殊偏好所产生的非理性的交易行为会导致股价同步性波动的增大或减小。其实证结果可以用噪声论观点进行很好的解释。库马尔和李（2006）通过对个人投资者行为的研究，也证明噪声交易会对股价同步性产生显著的影响。

围绕R^2经济含义的两种不同观点，学者们展开了激烈的争论。目前来看，R^2的信息论观点更为主流文献所认同。依据R^2的信息论解释，拥有私有信息的知情交易者必须通过交易行为将私有信息融入股价当中，因此知情交易将是影响股价同步性的重要因素。早期研究采用一些间接指标作为知情交易的测度，例如买卖价差、成交量和内部人持股的集中度等，这些间接指标反映的仅仅是知情交易的一些结果（如成交量）或原因（如内部人持股），无法准确对知情交易进行度量。直到伊斯利等（1996）将信息性交易概率作为知情交易的直接度量，并提出了一个计算信息性交易概率的极大似然估计方法，这为微观结构理论做出了重要贡献。

所谓信息性交易概率,就是某一次交易是源于拥有私有信息的知情交易者的概率,或是在某一资产的所有交易之中,来自知情交易者的交易所占的比例。在基于 PIN 的诸多实证研究中,伊斯利等(2002)首先在法玛和弗伦奇(Fama and French)三因素模型的基础上,将 EKOP 模型估计出的信息性交易概率作为第四个因子加入回归,结果显示信息性交易概率确实可以作为一种风险因子进行定价,信息交易的概率越高,相应的风险补偿也越高。国内学者对我国股票市场 PIN 的研究还处于起步阶段,相关文献比较有限。杨之曙等(2004)假设投资者看到的限价委托单薄是由一个看不见的隐性做市商提供的,因此可以将 EKOP 模型应用到中国股票市场,一个采用纯委托单驱动型为特征的市场中来。此后,李朋、刘善存(2006)将信息性交易概率分解为个股信息性交易概率和市场信息性交易概率,并实证检验了我国信息性交易概率与交易量、买卖价差的关系。韩立岩等(2008)以 EKOP 模型为基础,研究了沪市股票信息性交易概率的特征,并检验了信息性交易概率的风险定价能力。许敏和刘善存(2010)实证研究了上海证券市场知情与非知情交易者的市场到达率及其影响因素,发现非知情交易者的到达率与市场收益正相关,即主要受宏观市场特征的影响,而知情交易者的到达率更多地与微观信息有关。

综合以上分析,我们基于 R^2 的信息论观点认为,如果 R^2 代表的是股价中的特质信息含量,那么信息交易概率越高的股票,自然股价同步性将越低。鉴于 EKOP 模型可以在 PIN 中分离出好消息和坏消息发生的概率,本章提出以下两个假设:

假设 6-1:信息性交易概率对股价同步性有着显著的负向影响,即 PIN 越大,股价同步性越低;

假设 6-2:无论是好消息还是坏消息对应的信息性交易概率对股价同步性都有显著的负向影响。

二、市场信息与个股信息对股价同步性的影响

根据罗尔(1988)、默克等(2000)、吉恩和迈尔斯(2006)等学者的研究,证券市场的信息分为市场层面的信息和公司层面的信息。前者是指对各个公司

具有普遍影响的事件,如宏观经济变化、法律颁布等;后者是指除市场层面消息外,包括增发、配股、并购、股利发放等在内的与公司基本价值密切相关的特殊事件,即所谓的公司特质信息。与公司特质信息不同,市场层面的信息会引起某一时间段市场中所有股票的同时上涨或同时下跌,导致股价的同步性上升。例如,2007年5月30日,财政部宣告将交易印花税税率由现行的1‰调整为3‰,导致当天几乎所有股票同时大幅下跌,股票行情软件同时显示,当日上证指数跌幅为0.5%。

EKOP模型中的信息性交易概率通过分析订单的不平衡来推断信息性交易的概率,但这种度量没有区分订单不平衡造成的私有信息的来源。知情者的私有信息可能为关于市场的私有信息,也可能为某只股票特有的私有信息。基于上述原因,本章提出将信息性交易概率分解为与市场私有信息对应的市场信息性交易概率和与个股私有信息对应的个股信息性交易概率两部分。由于市场层面信息和公司特质信息对股价同步性会产生截然相反的影响,相应地,市场信息性交易概率和个股信息性交易概率与股价同步性也应有不同的关系。

基于以上分析,本章提出以下假设:

假设6-3:市场信息性交易概率越大,股价同步性越高;

假设6-4:个股信息性交易概率越大,股价同步性越低。

第三节 EKOP模型

一、模型设定

伊斯利等(1996)建立了一个基于做市商的连续时间的序贯交易模型。在模型中,假设交易为多期,即存在多个交易日,记为$i=1,\cdots,I$。在每个交易日内,时间是连续的,记为$t\in[0,T]$。做市商为交易的风险资产连续地报出买价和卖价；假设做市商是风险中性的、竞争性的，因此在任何时间做市商的报价都将等于其对当时所掌握信息的资产的期望价值。市场交易者则分为两类：一类为知情交易者，他们根据信息事件发生后的私有信息交易，没有信息事件发生时不进场交易；另一类为非知情交易者，他们出于流动性等需要进行交易，由于无法获得私有信息，无论信息事件发生与否，都参与交易。

图 6-1 的树图描述了交易的过程。在树的开始节点，自然选择信息事件是否发生，其发生概率为 α。如果信息事件发生，则在第二节点，自然决定事件是好消息还是坏消息，事件是坏消息的概率为 δ，是好消息的概率为 $1-\delta$。事件每天发生一次，天与天之间独立。在每个交易日结束之后，该信息会完全反应在价格之中。

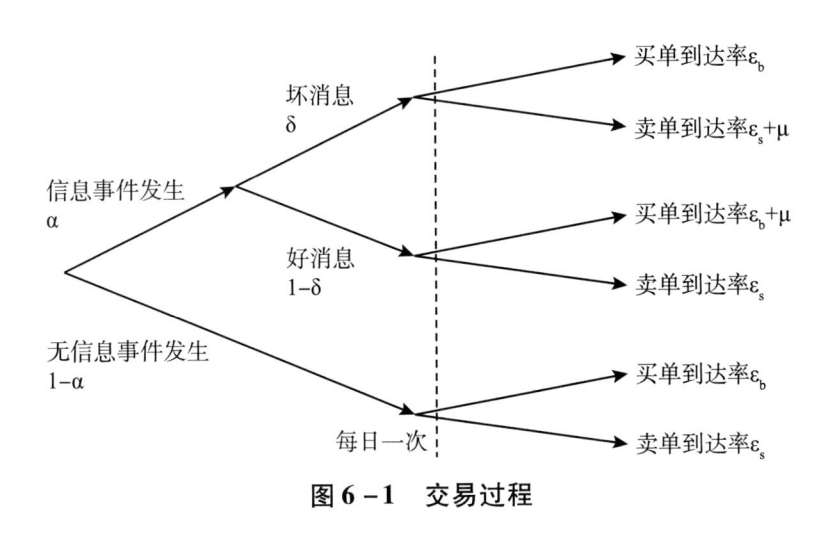

图 6-1 交易过程

给定虚线左边的节点，交易者的到达服从相应的独立的泊松分布。无信息事件发生时，知情交易者的到达率为零；当坏消息或好消息发生时，知情交易者都会服从到达率为 μ 的泊松过程；非知情交易的买者和卖者则总是服从到达率分别为 ε_b 和 ε_s 的泊松过程。

令 $P(t) = [P_n(t), P_b(t), P_g(t)]$ 表示 t 时刻无信息（n）、坏消息（b）和好消息（g）事件发生的先验概率，则 0 时刻做市商的先验概率为 $P(0) = [1-\alpha, \alpha\delta, \alpha(1-\delta)]$。

由全概率公式，t 时刻一笔卖出交易到达的概率是：

$$P(S_t) \approx P_b(t)(\varepsilon_s + \mu)t + P_g(t)\varepsilon_s t + P_n(t)\varepsilon_s t$$
$$\approx [\varepsilon_s + \mu P_b(t)]t$$

进而由条件概率，t 时刻发生的一笔卖出交易是信息性交易的概率是：

$$\frac{\mu P_b(t)}{\varepsilon_s + \mu P_b(t)}$$

类似地，t 时刻发生的一笔买入交易是信息性交易的概率是：

$$\frac{\mu P_g(t)}{\varepsilon_b + \mu P_g(t)}$$

因此，t 时刻发生的一笔交易是信息性交易的概率是：

$$PI(t) = \frac{\mu[1 - P_n(t)]}{\mu[1 - P_n(t)] + \varepsilon_b + \varepsilon_s}$$

开盘时，利用无条件概率，可知信息性交易概率为：

$$PIN = PI(0) = \frac{\alpha\mu}{\alpha\mu + \varepsilon_b + \varepsilon_s} \tag{6.1}$$

二、参数估计

EKOP 模型实质上是一个混合的泊松过程。模型通过订单到达率的变化来推断信息事件发生的概率，进而根据卖单和买单的不平衡来判断是好消息还是坏消息。模型需对参数向量 $\theta = (\alpha, \delta, \varepsilon_b, \varepsilon_s, \mu)$ 进行估计，其中，α 和 δ 决定三类信息事件发生的概率；其余三个参数反映了非知情交易者和知情交易者的到达率。尽管不能直接观察到信息事件的发生及其好坏，也不能区分出两类交易者的类型，但是我们知道买卖的数据能反映出潜在的信息结构。例如，有好消息的交易日，预期将有更多的买单出现；而坏消息的交易日则会产生更多的卖单。无消息的交易日，市场中没有知情交易者，因此交易量会减少。买单和卖单的到达服从相互独立的泊松过程。伊斯利等（1996）采用极大似然估计法，从买入和卖出的观测数据中估计出模型的五个参数。

每个交易日，买单流和卖单流将随机地服从三个泊松过程中的某一个。如果在某个交易日发生了一个坏的信息事件，且在该交易日总交易时间 T 内发生 B 次买和 S 次卖，则似然函数为：

$$e^{-\varepsilon T}\frac{(\varepsilon T)^B}{B!}e^{-(\mu+\varepsilon)T}\frac{[(\mu+\varepsilon)T]^S}{S!}$$

同理，可以得出无信息和好的信息事件发生时的似然函数分别为：

$$e^{-\varepsilon T}\frac{(\varepsilon T)^B}{B!}e^{-\varepsilon T}\frac{(\varepsilon T)^S}{S!}$$

和

$$e^{-(\mu+\varepsilon)T}\frac{[(\mu+\varepsilon)T]^B}{B!}e^{-\varepsilon T}\frac{(\varepsilon T)^S}{S!}$$

无消息、坏消息和好消息事件的概率分别是 $1-\alpha$，$\alpha\delta$ 和 $\alpha(1-\delta)$。因此，在某个信息事件类型未知的交易日，交易时间 T 内若发生 B 次买和 S 次卖，总的似然函数为：

$$L[(B,S)|\theta] = (1-\alpha)\times e^{-\varepsilon T}\frac{(\varepsilon T)^B}{B!}e^{-\varepsilon T}\frac{(\varepsilon T)^S}{S!}$$
$$+\alpha\delta\times e^{-\varepsilon T}\frac{(\varepsilon T)^B}{B!}e^{-(\mu+\varepsilon)T}\frac{[(\mu+\varepsilon)T]^S}{S!}$$
$$+\alpha(1-\delta)e^{-(\mu+\varepsilon)T}\frac{[(\mu+\varepsilon)T]^B}{B!}e^{-\varepsilon T}\frac{(\varepsilon T)^S}{S!}$$

假定交易日之间是相互独立的，则在 I 个交易日内基于数据的似然函数正是单日似然函数的乘积，即：

$$L(M|\theta) = \prod_{i=1}^{I}L(B_i,S_i|\theta)$$

对上式求极大值，就可以由观测数据 M 估计出 EKOP 模型的参数向量 θ，将参数 θ 代入式（6.1）中就可以得到信息性交易概率 PIN。

此外，利用坏消息发生的概率 δ，我们可进一步将 PIN 分解为坏消息对应的信息交易概率（PINB）和好消息对应的信息交易概率（PING）：

$$PINB = PIN\times\delta,\ PING = PIN\times(1-\delta) \tag{6.2}$$

第四节 研究设计

一、样本选取与数据来源

本章选择2003～2004年在深圳证券交易主板上市交易的公司作为研究样本。在样本筛选过程中，剔除了以下样本：（1）金融类上市公司，以避免不同的会计准则的影响；（2）当年度IPO的公司，由于IPO使公司股价有特殊的波动性；（3）剔除某季度内完整的高频交易数据少于50个交易日的公司；（4）剔除年度内少于200个交易日的公司；（5）剔除极大似然估计不收敛的公司；（6）相关数据不全以及实际控制人性质无法辨认的公司。最终得到485个公司—年样本。

计算信息性交易概率需要股票每日买单和卖单的交易次数数据，本章所使用的日内高频交易数据来自CCER股票高频分笔数据库。股票日交易价格和实际控制人数据皆取自CCER股票价格收益数据库，其他财务数据及股权结构数据则来自国泰安CSMAR数据库。似然函数用MATLAB软件求解其极大值估计，股价同步性采用SAS软件编程计算，回归分析由Stata完成。

二、变量定义

参考默克等的方法，本章用CAPM模型的拟合系数R^2衡量股票价格的同步性：

$$r_{i,t} = \alpha_i + \beta_i r_{m,t} + e_{i,t} \tag{6.3}$$

其中，$r_{i,t}$和$r_{m,t}$分别为研究期间内第t个交易日的公司收益率与市场收益率（市场收益率分别用沪市和深市的综合指数收益率表示）；$e_{i,t}$表示残差，它捕捉了市场信息无法解释的收益率，反映公司股票收益的特质性部分。定义每个年度的研究期间为该年度第一个交易日至最后一个交易日。

根据统计学原理，R^2 的经济含义可以理解为股票价格的变动被市场波动所解释的比例。因此，R^2 越大，表示公司股票价格与市场的同步性程度越高。由于 R^2 的取值区间为（0，1），不符合最小二乘法的要求，因此在进行回归分析时，我们对 R^2 进行如下的对数转换：

$$RSQ_i = \log\left(\frac{R_i^2}{1 - R_i^2}\right) \quad (6.4)$$

三、PIN 的计算方法

首先，从 CCER 分笔高频数据库中提取每笔交易的成交时间、成交价格、卖一价和买一价，然后用李和雷迪（Lee and Ready，1991）的 Tick Test 检验方法，判断此笔交易是买单还是卖单。判断原则为：如果该笔交易的成交价格大于前笔买卖报价的中点，记为买单（B）；如果低于买卖报价的中点，则记为卖单；如果正好等于买卖报价的中点，则依据前一笔的买卖方向确定，前笔若为买单，此笔也为买单，否则皆为卖单。根据标记检验方法，将每天的买单和卖单累加，即得到每天的买单数和卖单数。

其次，以季度为时间单位，用极大似然估计方法对样本股票每个季度的信息性交易概率进行估计。采用季度进行估计的原因有两个：第一，伊斯利等（1996）采用季度作为时间单位估计 PIN，并认为 60 个交易日的数据足以产生精确的 PIN 估计值；第二，一个季度的周期不算太长，可以认为模型参数以及信息性交易概率比较稳定，没有随时间发生显著的变化。

最后，以年为单位，计算每只股票的 4 个季度 PIN 的平均值，作为当年度的 PIN 值，以便于匹配以年度为单位的财务数据。

四、PIN 的分解

借鉴李朋和刘善存（2006）的研究，本章将信息性交易概率分解为与市场信息对应的市场信息性交易概率（PINM）和与个股信息对应的个股信息性交易概率（PINID）两部分。

$$PINM = \sum_{i=1}^{N} w_i PIN2_i$$

$$PIN2_{it} = \beta_{Pi} \times PINM_t + PINID_{it} \tag{6.5}$$

其中，w_i 为股票 i 在样本中所占的权重，用流通市值来度量。N 为样本个数，t 表示时间。PIN2 为根据 EKOP 模型计算出的信息性交易概率，而 PINM 是将样本中各股票的 PIN2 按照流通市值加权计算的平均值。β_P 为 PIN2 同 PINM 的回归系数，反映个股的 PIN2 受 PINM 的影响程度，而 PINID 为 PIN2 减掉 $\beta \times$ PINM 的剩余。

本章选择以 20 个交易日为单位，将一年的交易日划分为 12 个分时间段，在每个分时间段内，对样本股票的信息性交易概率求其极大似然估计（此处之所以没有继续以季度为时间单位，是为了保证 $PIN2_{it}$ 同 $PINM_t$ 回归时有足够的数据）。为了避免估计结果不准确，剔除在某个时间段内高频交易数据少于 16 个交易日的样本。

最后，以年为单位，计算出每只股票 12 个分时间段 PINID 的平均值以及市场的 PINM 的平均值，将其定义为该年度的 PINID 和 PINM，并作为解释变量放入以年度为单位的回归模型中。

五、模型设计

为了检验前文中提出的假设 6-1 和假设 6-2，建立以下回归模型：

$$RSQ = \alpha + \beta_1 PIN + \beta_2 Top + \beta_3 Size + \beta_4 Lev + \beta_5 M/B + \beta_6 Volume$$
$$+ \beta_7 Private + \sum Industry + Year + \varepsilon \tag{6.6}$$

模型（6.6）中各变量含义如下：因变量 RSQ 为股价同步性；PIN 为解释变量，代表信息性交易概率，分别考虑前文定义的年度 PIN，以及可辨识出来的坏消息对应的 PINB 与好消息对应的 PING；其他为控制变量，Top、Size、Lev、M/B、Volume、Private 分别代表企业的第一大股东持股、公司规模、资产负债率、市账比、股票换手率及实际控制人类型。此外，模型中还加入了行业变量

Industry 和年度变量 Year，以充分考虑行业效应和年度效应。行业的分类标准是依据证监会 2001 年颁布的《上市公司行业分类指引》，其中制造业取两位代码分类，其他行业取一位代码分类，共有 20 个行业虚拟变量，另有 1 个年度虚拟变量。

本书中各变量的具体定义和计算见表 6-1。

表 6-1　　　　　　　　　变量定义及其计算方式

变量	符号	定义
拟合系数	R^2	CAPM 模型的拟合系数
股价同步性	RSQ	R^2 的对数转换，$\ln\left(\frac{R^2}{1-R^2}\right)$
解释变量（Pins）		
信息性交易概率	PIN	基于 EKOP 模型估算的知情交易在所有交易中所占的比例
坏消息交易概率	PINB	坏消息对应的信息性交易概率
好消息交易概率	PING	好消息对应的信息性交易概率
市场信息性交易概率	PINM	市场信息对应的信息性交易概率
个股信息性交易概率	PINID	个股信息对应的信息性交易概率
控制变量（Control）		
第一大股东持股	Top	第一大股东所持股份占公司总股本的比例
公司规模	Size	年初总市值的自然对数
资产负债率	Lev	总负债÷总资产
市账比	M/B	总市值÷净资产
换手率	Volume	年度内上市公司日换手率的平均值
实际控制人	Private	实际控制人为民营、外资或集体所有制等企业时，取值为 1，为国有企业时取值为 0
行业效应	Industry	行业虚拟变量
年度效应	Year	年度虚拟变量

为了检验假设 6-3 和假设 6-4，建立以下回归模型：

$$RSQ = \alpha + \beta_1 PINID + \beta_2 \beta_P PINM + \beta_3 Top + \beta_4 Size + \beta_5 Lev + \beta_6 M/B$$
$$+ \beta_7 Volume + \beta_8 Private + \sum Industry + Year + \varepsilon \qquad (6.7)$$

在以上模型中，PINID 为研究年度内股票的个股信息性交易概率的平均值，PINM 为研究年度内市场信息性交易概率的平均值，β_P 为式（6.5）中 PIN2 与 PINM 的回归系数。其余变量的定义与模型（6.6）相同。

第五节　实证结果与分析

一、PIN 估计结果及分析

表 6-2 列出了样本股票各季度参数估计结果的平均值。从表中可以看出，各季度 PIN 的平均值大概在 0.13~0.18；伊斯利等（1996）研究认为，纽约证券交易所的股票信息性交易的概率约为 0.18~0.28；而韩立岩对上海证券交易所 66 只股票的实证结果显示，分组各季度 PIN 的平均值约为 0.11~0.22，这与我们的统计结果颇为一致。有意思的是，参数 δ 的各个平均值皆小于 0.5，表明有信息事件发生时，好消息的概率更大，其中仅有 1/3 左右的事件为坏消息；伊斯利等（1996）对美国市场的估计结果也是以好消息居多，只是两者的差异相对较小；韩立岩等（2008）得出的各组 δ 估计值的均值也是在 0.2~0.42，同样表明我国上市公司发生的事件大部分都为好消息。比较参数 ε_b 和 ε_s 则发现，在同一时期，总体上非知情交易者卖单的到达率要略大于买单的到达率，两种的差值稳定地保持在 20 左右。

表 6-2　　各年分季度参数估计值的平均值

年份	时间	α	δ	ε_b	ε_s	μ	PIN
2003	第一季度	0.314	0.342	115.3	132.9	127.1	0.139
	第二季度	0.359	0.356	144.4	166.7	144.6	0.150
	第三季度	0.269	0.284	80.08	104.7	121.6	0.149
	第四季度	0.342	0.344	117.7	139.2	142.8	0.166
	全年	0.321	0.332	114.4	135.8	134	0.151
2004	第一季度	0.389	0.376	220.7	243.0	168.6	0.132
	第二季度	0.303	0.397	139.2	159.2	183.2	0.162
	第三季度	0.260	0.327	101.8	120.1	178.2	0.179
	第四季度	0.321	0.373	124.3	140.9	161.1	0.164
	全年	0.318	0.368	146.3	165.7	172.7	0.159

注：表中估计的到达率参数表示单个交易日内的到达率。

二、描述性统计分析

表 6-3 报告的是主要变量的描述性统计结果。由 R^2 的均值来看，2003~2004 年我国上市公司股票价格日收益率的 30.6% 可以由市场收益率予以解释，虽依然显著高于发达国家，但与李增泉（2005）统计的 1997~2001 年 R^2 的均值 41.51% 相比，已有明显的下降，这表明随着时间的推移，证券市场制度逐步完善，我国股价波动的同步性趋向减弱。信息性交易概率 PIN、坏消息交易概率 PINB 和好消息交易概率 PING 的平均值分别为 0.155、0.054 和 0.101，好消息的发生概率约为坏消息的两倍。样本中第一大股东的持股比例平均为 40.8%；从实际控股股东来看，其中仅有 27.8% 的公司由非国有企业控制。

表 6-3　　　　　　　　　主要变量的描述性统计

变量	样本数	均值	中位数	标准差	最小值	最大值
R^2	485	0.306	0.316	0.124	0.0137	0.640
RSQ	485	-0.921	-0.772	0.725	-4.280	0.576
PIN	485	0.155	0.151	0.030	0.077	0.274
PINB	485	0.054	0.05	0.025	0.012	0.190
PING	485	0.101	0.099	0.029	0.026	0.197
Top	485	0.408	0.378	0.167	0.109	0.849
Size	485	21.40	21.30	0.715	19.93	24.07
Lev	485	0.475	0.482	0.181	0.013	0.938
M/B	485	3.339	2.476	2.804	0.862	23.89
Volume	485	0.009	0.008	0.005	0.001	0.035
Private	485	0.278	0	0.449	0	1

表 6-4 列出了主要变量的 Pearson 相关系数矩阵。容易发现，解释变量 PIN 和 PINB 都同股价同步性（RSQ）保持显著负相关，即信息性交易概率越高时，公司股价同步性幅度越小，这与先前的假设一致。而 PING 与 RSQ 的相关系数为正，尽管与理论分析的结果相反，但该系数的值较小且并不显著，这意味着在控制了其他变量以前，初步的证据并没有支持坏消息引起的知情交易可以降低股价同步性，需要在下面的回归模型中控制其他变量后继续进行验证。除 PIN 与 PING 的相关系数为 0.648 外（但它们并不同在一个回归模型中），表中其他的相关系数都不超过 0.5，这说明模型的变量之间将不会产生严重的多重共线性问题。

表 6-4　　　　　　　　　主要变量的 Pearson 相关系数

	RSQ	PIN	PINB	PING	Top	Size	Lev	M/B	Volume
PIN	-0.301**								
PINB	0.008	0.430**							
PING	-0.311**	0.648**	-0.409**						

续表

	RSQ	PIN	PINB	PING	Top	Size	Lev	M/B	Volume
Top	0.236**	-0.057	-0.001	-0.057					
Size	0.287**	-0.055	0.099*	-0.140**	0.239**				
Lev	-0.225**	-0.045	-0.025	-0.025	-0.059	-0.247**			
M/B	-0.572**	0.183**	-0.044	0.222**	-0.134**	-0.151**	0.272**		
Volume	-0.044	-0.085	-0.050	-0.045	0.019	-0.040	0.150**	-0.002	
Private	-0.285**	0.120**	0.005	0.117**	-0.364**	-0.283**	0.089	0.207**	0.013

注：*、**、*** 分别代表10%、5%、1%的显著性水平。

三、多元回归分析

1. 信息性交易概率与股价同步性：回归结果

表6-5报告了信息性交易概率对股价同步性的影响。检验方法是在控制影响股价同步性的企业特征以及行业和时间的基础上，分别检验PIN，PINB和PING与股价同步性RSQ之间的关系。在回归（1）中，只是将解释变量PIN单独地放入模型中，而没有控制其他因素的影响。结果显示，信息性交易概率与股价同步性在1%的水平上显著负相关。在回归（2）中，我们将所有的控制变量纳入模型中。从表6-5的第（2）列可以看到，PIN的回归系数依旧在1%的水平上显著为负，这表明信息性交易的概率越高，交易越可能向市场传递关于公司真实价值的信号，从而股价中所包含的公司特质信息含量就会越丰富，股价同步性波动则越小。这个结果支持本章的假设6-1。

表6-5　　　　　　　　　　PIN与股价同步性

	（1）	（2）	（3）
Intercept	0.220 (1.310)	-2.146** (-2.489)	-1.985** (-2.280)
PIN	-7.349*** (-6.929)	-5.392*** (-6.115)	

续表

	(1)	(2)	(3)
PINB			-4.491*** (-3.966)
PING			-5.918*** (-6.077)
Top		0.367** (2.211)	0.372** (2.244)
Size		0.111*** (2.856)	0.104*** (2.665)
Lev		-0.168 (-1.099)	-0.178 (-1.168)
M/B		-0.110*** (-11.065)	-0.108*** (-10.871)
Volume		-11.44** (-2.247)	-11.04** (-2.167)
Private		-0.116* (-1.857)	-0.115* (-1.846)
Year		Yes	Yes
Industry		Yes	Yes
Observations	485	485	485
Adj-R^2	0.089	0.472	0.473
F	48.008***	16.457***	15.966***

注：*、**、***分别代表10%、5%、1%的显著性水平，括号中的数字为双尾检验的T值。

在回归（3）中，我们采用解释变量 PINB 和 PING 替代变量 PIN 放入模型中，同时也控制住其他因素的影响。从第（3）列的结果容易发现，分别对应坏消息和好消息的变量 PINB 和 PING 的回归系数均为负，且都在1%的水平上显著，这意味着，无论是因坏消息还是好消息而引起的信息性交易，都会增加股价中的特质信息含量，从而减少公司股价的同步性波动。这个结果不仅支持本章的假设6-2，同时也佐证了假设6-1的正确性。

2. 市场 PIN、个股 PIN 与股价同步性：回归结果

表 6-6 报告了市场信息性交易和个股信息性交易对股价同步性的影响。为进一步考察不同层面的信息事件与股价同步性的关系，我们按照公式（6.5）首先将信息性交易概率分解为市场信息性交易概率和个股信息性交易概率，然后在回归模型中分别放入变量 PINM 和 PINID。从表 6-6 的回归（5）、回归（6）中可以看到，PINID 的回归系数为负，PINM 系数的符号则与之相反，但两者都在 1% 的水平上显著。在回归（7）中，我们考虑将 PINM 和 PINID 同时放入模型中，第（4）列的结果显示，PINM 的系数在 5% 的水平上显著为正，而 PINID 的系数依旧在 1% 的水平上显著为负。以上结果表明，由于公司基本面的信息引起的信息性交易，能够提高股价中的公司特质信息含量，从而降低股价同步性；而由市场信息引起的信息性交易，只是促进股价对市场宏观层面信息的吸收，从而使股票价格与市场整体而非公司自身特征更加相关，股价同步性反而会增加。

表 6-6　　PIN 分解与股价同步性

	(4)	(5)	(6)	(7)
Intercept	-2.100** (-2.349)	-3.655*** (-4.243)	-3.492*** (-4.065)	-3.509*** (-4.110)
PIN2	-5.938*** (-5.332)			
PINM		1.257*** (3.274)		0.951** (2.422)
PINID			-2.251*** (-3.813)	-1.882*** (-3.103)
Top	0.460*** (3.026)	0.502*** (3.233)	0.441*** (2.844)	0.459*** (2.976)
Size	0.104*** (2.650)	0.133*** (3.376)	0.140*** (3.579)	0.133*** (3.419)
Lev	-0.224 (-1.475)	-0.197 (-1.264)	-0.156 (-1.014)	-0.199 (-1.292)
M/B	-0.100*** (-8.936)	-0.110*** (-9.851)	-0.109*** (-9.767)	-0.106*** (-9.541)

续表

	(4)	(5)	(6)	(7)
Volume	-11.90*** (-2.765)	-2.443 (-0.594)	-5.101 (-1.245)	-3.968 (-0.968)
Private	-0.0573 (-0.964)	-0.0348 (-0.568)	-0.0498 (-0.824)	-0.0311 (-0.513)
Year	Yes	Yes	Yes	Yes
Industry	Yes	Yes	Yes	Yes
Observations	445	445	445	445
Adj-R^2	0.426	0.402	0.407	0.414
F	12.746***	11.646***	11.883***	11.810***

注：*、**、***分别代表10%、5%、1%的显著性水平，括号中的数字为双尾检验的T值。

上述结果支持本章的假设6-3和假设6-4。

四、稳健性检验

为检验上述结论的稳健性，我们执行了如下的可靠分析：首先，在表6-5和表6-6的回归结果中，模型的F值都在1%的水平上显著，同时除模型（1）外，调整的R^2也都在0.4以上，说明我们的模型具有较好的拟合效果。其次，以20个交易日作为时间单位估算信息性交易概率，并重新执行假设6-1的检验；从表6-6中模型（4）的结果来看，PIN2的系数显著为负，与以季度为单位估算PIN后的回归结果无实质性差异。这不仅再次验证了假设6-1，也表明本章结论并不会因为估算方法的改变而发生变化。最后，我们对模型进行多重共线性诊断，考察各模型中自变量的容许度和方差膨胀因子（VIF），发现方差膨胀因子数值较小，表明模型没有产生多重共线性问题。基于以上分析，我们认为，本章的结论是比较稳健的。

第六节 本章小结

随着近年来不少关于股价同步性的研究提出 R^2 信息论观点难以解释的新证据，一些学者开始质疑 R^2 是否代表股价中特质信息含量的多少，并提出了噪声论的观点。由此，围绕这两大观点学者们展开激烈的讨论，R^2 所代表的经济含义成为一个引人注目的热点问题。

本章认为，如果股价同步性的信息论观点成立，那么当知情交易越充分时，更多的公司特质信息将通过知情人的交易行为融入股价当中，股价同步性波动将越小。反之，则说明股价同步性不能代表股价中特质信息含量的多少。在这一逻辑框架下，本章采用 EKOP 模型中的信息性交易概率作为知情交易的直接度量，对信息性交易概率和股价同步性之间的关系进行了理论分析，并以我国 2003~2004 年深圳证券交易所主板上市的公司为样本进行了实证检验。结果发现，信息性交易概率对股价同步性有着显著的负向影响，PIN 越大，股价同步性波动越小；而且，无论是好消息还是坏消息所对应的信息性交易概率，都与股价同步性显著负相关。进一步地，我们将信息性交易概率分解为市场信息性交易概率和个股信息性交易概率，结果显示，个股信息性交易概率越大，股价同步性波动越小；相反，市场信息性交易概率越大，股价同步性波动则越大。上述研究结论，揭示了知情交易与股价同步性的内在联系，并为 R^2 的信息论观点提供了有利的实证支持。

本章的研究结论具有重要的理论与现实意义。首先，不同于国内外学者的研究，本章尝试从市场微观结构这样一个全新的角度去分析股价同步性的信息含义，拓展了对我国股价同步性的研究，成为连接微观结构理论和公司财务理论研究的桥梁。其次，本章为股价同步性经济含义的争论及信息度量指标的使用提供了新的实证证据，同时说明我国基于 R^2 信息论观点所得到的研究结果是有意义的。最后，加强中小投资者法律保护，完善信息披露制度，同时改善投资者结构，有助于减少非知情交易；本章为政府监管部门采取有效措施减小股价同步性波动及减小其危害提供了有益参考。

本章研究的局限是：尽管我们验证了知情交易通过提高股价特质信息含量而减小股价同步性波动，从而支持了 R^2 的信息论解释，但并没有完全证伪噪声论。正如有效市场假设和行为金融理论都无法独立地对股票价格的运动做出完美的诠释一样，基于非理性因素的噪声论在某些条件下可能也是具有解释力的。此外，本章研究只从一个时段的部分样本去检验股价同步性的信息含义，实际上影响股价趋势的因素和机制都十分复杂，我们并不确认是否在所有情况下，信息论都一定在其中起主导作用，因此对于 R^2 的内在形成机制及其经济含义还需要更进一步细致的分析。

第七章
媒体报道、分析师行为与股价同步性的实证研究

本章是实证研究的第四部分,根据 2010～2013 年中国创业板上市公司的数据,探究同期中国证券市场上外部信息环境对公司股价同步性的影响。研究采用新闻媒体和证券分析师两类信息中介作为代表。本章首先对公司信息环境影响股价同步性的国内外相关研究进行综述,接着阐述媒体报道影响股价同步性的三种可能途径及其影响。其次,针对现有研究关于证券分析师影响股价同步性的相关结论不一致的现象进行深入探讨,并提出分析师搜寻并传播宏观、中观和微观三个层面信息的相对多少是决定公司股价同步性高低的关键因素。最后,考察媒体和证券分析师对股价同步性的替代或互补作用。本章在理论分析的基础上提出研究假设,并建立实证模型来检验新闻媒体报道与证券分析师的行为对我国创业板公司股价同步性的实质影响。

第一节　问题的提出

拟合系数 R^2 是公司财务研究的重要对象,最初用于度量公司股价同步性。随着研究的深入,R^2 经济内涵不断扩展,如今已成为测量股价信息含量以及证券市场效率的常用指标。然而近年来,不少实证研究发现了与 R^2 原有经济含义不一致的证据,并对 R^2 的信息观点提出了质疑。以股价同步性与信息环境的关系为例,早期研究发现无论在跨国层面还是公司层面,信息透明度均与 R^2 负相关（Jin and Myers, 2006; Hutton, Marcus and Tehranian, 2009）,这一观点与罗尔（1988）的信息观相符。然而其他研究结果却表明,信息透明度与 R^2 显著正相关（Rajgopal and Venkatachalam, 2011; Bartram, Brown and Stulz, 2012）,这与信息观相悖,却与罗尔（1988）的噪声观吻合。那么,在我国,R^2 究竟代表信息还是噪声?股价同步性还能否作为股价信息含量或是证券市场效率的有效度量?为解决以上疑问,有必要基于我国特有的制度环境和上市公司数据对股价同步性做进一步的研究。

媒体和分析师是两类重要的信息中介,也是公司外部信息环境的重要组成。其中媒体不仅具有信息传播作用,还具有监督治理功能,能够改善对投资者的法律保护。分析师则通过股票推荐、盈余预测等活动显性或隐性地对外传递信息，进而影响投资者的交易行为。但与媒体主要传播公司层面信息不同，分析师还充分挖掘市场和行业层面的信息。理论上，无论是媒体还是分析师都会对股价信息含量产生显著影响，并最终影响股价同步性。因此，本章尝试从媒体和分析师的角度入手，实证研究媒体报道和分析师行为如何对公司股价同步性产生影响，以丰富对我国股价同步性的研究，并厘清股价同步性与信息环境的真实关系，为解决 R^2 经济含义的争论提供证据。此外，当目标公司相同时，媒体和分析师搜集的公司特质信息很可能产生重叠。由于股价通常只对首次披露的新信息有较显著的反应，而对重复性的旧信息反应较弱，因此，本章还从信息挤占的角度，考察媒体和分析师对股价同步性的交叉作用。

第二节 理论分析与研究假设

关于公司信息环境与股价同步性的关系问题，学术界已有许多文献进行研究，但研究结论并不一致，甚至形成了两种明显对立的结果。矛盾的起源可追溯到罗尔（1988）的研究，他最早关注统计量 R^2，并提出了 R^2 经济含义的两种对立观点：信息观和噪声观。信息观认为，股价同步运动取决于股价中公司特质信息与市场信息的相对数量，公司特质信息越多，R^2 越小。在此基础上，默克、杨和于（2000）提出了"股价同步性"的概念，并率先使用 R^2 指标进行度量。他们发现，成熟市场的 R^2 明显小于新兴市场，原因在于较好的投资者法律保护能够促进市场的套利交易，增加股价中特质信息的含量。默克等（2000）的分析沿袭了罗尔的信息观，后续的许多研究则采纳了默克等（2000）的方法，进而形成了 R^2 含义的"信息效率学派"。由于 R^2 度量在实证研究中不断被成功应用，如今已成为衡量股价信息含量以及证券市场效率的常用指标。遵循相似的逻辑，吉恩和迈尔斯（2006）和赫顿等（2009）先后从市场层面和公司层面证明了信息透明度与股价同步性的负相关关系。吉恩和迈尔斯（2006）指出，公司的信息不透明度越高，管理层就越有可能为个人私利而隐藏公司现金流信息，减少本应由投资者承担的公司特质风险，进而降低股价的特质信息含量。不同于吉恩和迈尔斯（2006）构造的5个市场层面指标，赫顿等（2009）采用盈余管理来度量信息不透明度，并在公司微观层面验证了吉恩和迈尔斯（2006）的结论。

信息观在经历早期成功之后，近年来也面临不少挑战。例如，凯利（2005）发现，公司信息环境越差，R^2却越高。赵等（2008）发现，R^2越低，市场异象反而更严重。上述结果难以用信息观进行解释。进而，巴伯瑞斯、施莱弗和沃格勒（2005）等提出了投资者情绪和噪声交易影响R^2的直接证据，从而有力地支持噪声观。噪声观的优点在于它可以很好地解释信息透明度与股价同步性正相关的结果。与赫顿等（2009）得出的结果相反，罗基戈帕和文卡塔查拉姆（2011）同样采用盈余质量度量信息透明度，结果发现：财务报告质量的恶化，使得未来盈利的不确定性增加，投资者将面临更大的信息风险，股价的特质性波动将加大，股价同步性波动则随之减小。与国外情形类似，国内的研究结论也不一致。王亚平、刘慧龙和吴联生（2009）及金智（2010）均发现，信息透明度与股价同步性正相关。而王艳艳和于李胜（2013）的结果则支持信息透明度与股价同步性负相关。袁知柱和鞠晓峰（2009）也提出，公司层面信息对股价同步性起决定性作用，而异质噪声只有较小的影响，R^2的确是一个有效的测量股价信息含量的指标。

除了正、负相关的矛盾结果外，费尔南德斯和费雷拉（Fernandes and Ferreira, 2008）、古尔等（2011）还发现了盈余质量与股价同步性不相关的证据。为什么信息环境尤其是信息透明度与股价同步性的关系会如此模糊？李、罗基戈帕和文卡塔查拉姆（Li, Rajgopal and Venkatachalam, 2014）认为，信息透明度的确与特质性波动正相关，但与股价同步性的关系则不能确定；由于受到系统性风险的影响，后一种关系会随着时间和样本的变化而改变。李、罗基戈帕和文卡塔查拉姆（2014）指出，由于$R^2 = $系统性风险$^2 \div $总风险^2，因此股价同步性波动减小的原因有两个：系统性风险的相对减少，或者总风险（特质性风险）的相对增加。由于盈余质量同时与系统性风险和特质性风险正相关，因此最终的结果将由两个相关系数的大小来决定。当盈余质量与特质性风险的相关系数大于它与系统性风险的相关系数时，盈余质量与股价同步性正相关；小于时，负相关；相等时，则不相关。

股价同步性的高低取决于股价中公司层面信息相对于市场和行业信息的多少或者特质性风险相对系统性风险的大小（Roll，1988）。基于现有研究，我们发现，媒体可以通过公司层面信息、公司治理和特质性风险三种途径来影响股价同步性。

首先，媒体报道具有发掘、解读和传播公司层面信息的作用。公司较多地被媒体报道既可能反映出自身有较多较重大的事件发生，也可能因为自身特征而更受媒体关注，从而被发掘和传播更多公司信息。米勒（Miller，2006）指出，媒体能够通过转载或自行调查来提前揭露公司的会计欺诈行为。我国的投资者多数为个体投资者，理解公司财务报告的能力相对较弱，因而更依赖于媒体对信息的专业解读和传播。而当前微信、微博等移动平台的出现也进一步促进了媒体信息在普通投资者之间的快速传播。媒体对公司报道的增加，使投资者获得更多公司层面信息，并通过交易行为将其融入股价之中，从而减小股价同步性波动。其次，媒体对公司行为具有监督和治理的功能，能够提高对外部投资者权益的保护程度（李培功和沈艺峰，2010）。罗进辉（2012）认为，高水平的媒体报道能够有效降低两类代理成本，提高公司治理水平。因此，伴随媒体报道次数的增加，公司对投资者权益的保护以及治理水平也会相应提高；这不仅意味着公司有较高的信息透明度，同时也会促进投资者的知情交易，并最终减小股价同步性波动。最后，巴特拉姆、布朗和斯图斯（Bartram，Brown and Stulz，2012）发现，更强的投资者法律保护使企业更愿意承担不确定性的风险以实现未来的更大发展。作为一类外部治理机制，媒体在加强对投资者权益保护的同时也可以提升公司风险承担的动机和能力，进而使公司的特质性风险上升，股价则表现出更强烈的特质性波动，股价同步性将降低。基于上述分析，提出本章的假设7-1：

假设7-1：公司受到媒体报道次数越多，股价同步性越低。

现有国内外研究均承认分析师行为会对股价同步性产生影响，但对影响的方向却并无一致性结论。分歧的原因在于分析师同时搜寻宏观市场、中观行业和微观公司三个层面的信息，而各类信息融入股价中的相对数量，将决定股价同步性的高低（Roll，1988）。但理论上，我们很难判定哪类信息是其信息搜寻的主要结果。皮奥特洛斯基和罗尔斯登（2004）对美国发达市场的研究，以及陈和哈米德（2006）、费尔南德斯和费雷拉（2008）的跨国研究均发现，分析师跟踪人数越多、盈余预测活动越频繁，公司的股价同步性波动就越大。冯旭南和李心愉（2011）针对我国 A 股市场的研究，也发现分析师跟踪与股价同步性显著正相关。然而，朱红军、何贤杰和陶林（2007）的研究结论则相反。他们发现，分析师跟踪的人数与股价同步性之间存在显著的负相关关系，即分析师的信息搜寻活动能够使股价中包含更多的公司层面信息，减小股价同步性波动并提高资本市场的效率。伊志宏、李颖和江轩宇（2015）也发现，女性分析师的关注对公司股价同步性有非常显著的负向影响。此外，克劳福德、罗尔斯登和索（Crawford，Roulstone and So，2012）从分析师竞争的角度研究发现，当公司首次有分析师跟踪时，该分析师倾向于提供市场和行业信息；而当后续再有分析师跟踪时，由于面临前一分析师的竞争，该分析师具有更强烈的动机去挖掘公司特质信息。由此也可以推断出，随着分析师跟踪人数增加，股价同步性将降低。

李、罗基戈帕和文卡塔查拉姆（2014）认为，关于 R^2 的实证结果很可能受到研究样本和系统性风险的干扰；而系统性风险的大小反过来也可能影响分析师对目标公司的选择。而实际研究中，控制变量选取不当或者内生性问题解决不好也都会影响研究结果的可靠性。基于上述分析，提出以下两个对立假设：

假设 7 – 2a： 分析师行为与公司股价同步性正相关；

假设 7 – 2b： 分析师行为与公司股价同步性负相关。

不同的信息机制之间可能存在替代或互补的交互关系。例如，皮奥特洛斯基和罗尔斯登（2004）发现，分析师释放的行业层面信息可以替代内部人提供的公司特质信息，即一类知情交易会挤占另一类知情交易。费尔南德斯和费雷拉（2008）发现，来自新兴市场的公司在美国跨境上市后，其股价同步性不降反增。原因是分析师的关注行为对良好的外部信息环境产生了显著的挤出效应。若就媒体与分析师两类信息中介的作用而言，媒体对特定公司的新闻报道显然是以传播公司层面的信息为主；而分析师则会搜寻和传播市场、行业和公司三个层面的信息。显然，公司层面的特质信息将是媒体报道和分析师行为共同指向的目标。既然双方潜在的信息集是相同的，那么实际搜寻到的信息也就很可能发生重叠，或者存在交集。当一方首先获取并传播有价值的公司特质信息时，该信息对市场而言属于新信息；而当另一方再次获得并重复性释放同样的信息时，该信息已经成为旧信息。基于有效市场理论，市场只对首次到来的新信息表现出较强的股价反应,而对重复性披露的旧信息反应较弱。因此,双方对于公司特质信息的作用并非完全独立,而是存在替代性的交互关系,这种交互关系最终将影响公司的股价同步性。具体地,只要分析师搜寻公司层面的信息,那么媒体与分析师之间对特质性信息的相互挤占都必然提高公司的股价同步性。同时,按照皮奥特洛斯基和罗尔斯登(2004)的逻辑,分析师对市场和行业信息的释放也有可能挤占媒体传播的公司层面信息,同样产生替代效应。因而,无论分析师传播哪一类信息,以及传播以哪类信息为主,媒体与分析师之间的交叉作用对股价同步性的影响都将是正向的。基于上述分析,提出研究假设7-3:

假设7-3:媒体报道和分析师行为对于股价同步性的作用之间存在显著的替代关系。

第三节 研究设计

一、样本选取与数据来源

本章选取创业板上市公司为研究对象,样本期间为2010~2013年。除剔除股票简称有明显二义性的11只股票外,本章还剔除了当年IPO公司、不满足计算同步性条件的公司以及相关变量缺失的公司。最终,得到4年343家公司共788个样本观测值。

分析师行为以及财务数据均取自CSMAR数据库,媒体报道的数据则通过"百度新闻搜索引擎"(http://news.baidu.com)手工收集。本章使用SAS软件计算R^2,采用Stata进行统计分析。

二、变量定义

1. 股价同步性

借鉴古尔等（2011）、王艳艳和于李胜（2013）的做法，本章采用如下的市场模型分年度、分公司回归计算拟合系数 R^2：

$$\text{RET}_{i,t} = \alpha + \beta_1 \text{MKTRET}_t + \beta_2 \text{MKTRET}_{t-1} + \beta_3 \text{INDRET}_t + \beta_4 \text{INDRET}_{t-1} + \varepsilon_{i,t} \tag{7.1}$$

其中，RET_{it} 为公司 i 在交易日 t 的日收益率；MKTRET_t 和 INDRET_t 为 t 日按流通市值加权计算的市场和行业收益率。t−1 表示滞后一日的影响。行业采用证监会 2001 年的行业标准进行分类，除制造业取两位代码外，其他行业均取一位代码。

R^2 代表公司股价波动被市场和行业波动所解释的比例，R^2 越大，股价同步性波动幅度越大。为了克服 R^2 在（0，1）区间取值的局限，我们对 R^2 采用如下变换：

$$\text{SYNCH}_i = \ln\left(\frac{R_i^2}{1 - R_i^2}\right) \tag{7.2}$$

SYNCH 为本章的主要被解释变量，度量公司的股价同步性，SYNCH 越大，股价同步性越高。

2. 媒体报道

借鉴罗进辉（2012）的方法，在"百度新闻搜索引擎"中，输入公司股票简称作为关键词，按照新闻标题分年度搜索。将搜索所得到的新闻条数作为每家公司媒体报道水平（Media）的度量。

3. 分析师行为

借鉴皮奥特洛斯基和罗尔斯登（2004）的研究，本章将分析师发布公司盈余预测报告后同一年的盈余预测修正次数作为分析师行为的度量。

三、模型设计

本章建立模型（7.3）和模型（7.4）对研究假设进行检验。除被解释变量和主要解释变量外，两个模型还控制了第一大股东持股（Top）、国有性质（SOE）、公司规模（Size）、负债水平（Lev）、盈利能力（ROE）、交易量（Volume）、上市年限（ListAge）以及行业（Industry）和年度（Year）等因素的影响。变量的具体定义见表7–1。

$$SYNCH = \beta_0 + \beta_1 \times Media + \beta_2 \times Analyst + \beta \times Controls + \sum Industry + \sum Year + \varepsilon \quad (7.3)$$

$$SYNCH = \beta_0 + \beta_1 \times Media + \beta_2 \times Analyst + \beta_3 \times Media \times Analyst + \beta \times Controls + \sum Industry + \sum Year + \varepsilon \quad (7.4)$$

表7–1　　　　　　　　　变量定义及其计算方法

变量名称	变量符号	变量定义
股价同步性	SYNCH	R^2 的对数转换，$\ln\left(\dfrac{R^2}{1-R^2}\right)$
股价特质性波动	RESVAR	由市场模型计算 R^2 时得到的残差序列即剩余收益的标准差
媒体报道水平	Media	百度新闻搜索引擎得到公司年度新闻报道条数的自然对数
分析师行为	Analyst	本年度全部分析师对公司盈余预测修正的总次数加1的自然对数
第一大股东持股	Top	第一大股东持有股份与公司总股份的比值
国有性质	SOE	虚拟变量，若控股股东为国有单位或国有法人，取值1，否则为0
公司规模	Size	年末总资产的自然对数
负债水平	Lev	年末总负债与总资产的比值
盈利能力	ROE	净资产收益率，当年净利润与年末净资产的比值
交易量	Volume	当年交易的股票总数量与年末流通在外的股票总数量的比值
上市年限	List Age	公司 IPO 以来所经过年份的自然对数值

续表

变量名称	变量符号	变量定义
成长机会	Growth	(当年主营业务收入 – 上一年主营业务收入)÷上一年主营业务收入
固定资产比例	Tangible	年末固定资产与总资产的比值
市账比	M/B	公司流通总市值与净资产的比值
股票收益波动率	Volatility	当年的周个股收益率的标准差

第四节 实证结果与分析

一、描述性统计

受篇幅限制,表7-2只列示了主要变量的描述性统计结果。其中:(1)股价同步性(SYNCH)的均值为-0.486,相对应的 R^2 的均值为0.388。(2)股价特质性波动(RESVAR)的均值为0.023,与国外结果相比较小,表明股价中包含较少的公司特质信息。(3)年度新闻报道水平(Media)的均值为1 376,即平均每天有3.8次媒体报道,高于罗进辉(2012)的年均768次,显示创业板公司有更高的媒体关注度。(4)分析师行为(Analyst)的结果显示,分析师盈余预测修正的年均次数为9.58,最高一年内发布98次盈余预测修正。若不考虑分析师的重复预测行为,则创业板公司平均的分析师关注人数为9人;但公司间的差异明显,热门公司有高达47个分析师关注,而部分公司却没有任何分析师进行关注。

表 7-2　　　　　　　　　　　主要变量的描述性统计

变量	样本量	均值	标准差	最小值	最大值	分位点		
						25%	50%	75%
SYNCH	788	-0.486	0.513	-2.706	0.989	-0.796	-0.469	-0.156
RESVAR	788	0.023	0.006	0.009	0.044	0.0191	0.022	0.0274
Media	788	6.549	0.872	0.693	10.93	6.198	6.482	6.788
Analyst	788	1.601	1.265	0	4.595	0	1.609	2.639

二、多元回归结果

1. 基本的回归结果

表 7-3 报告了媒体报道和分析师行为影响股价同步性的 OLS 回归结果。其中第（1）列的回归显示，Media 的系数在 1% 的水平显著为负，这表明公司的媒体报道越多，股价同步性波动也越小。理由是，一方面，投资者能够获得更多的公司层面信息；另一方面，媒体监督能够提高公司治理水平、改善对外部投资者的法律保护。综合而言，新闻媒体的报道有助于将公司特质信息融入股票价格以及增加股价的特质性波动，因而会降低股价同步性。回归结果验证了本章的假设 7-1。

表 7-3　　　　　媒体报道和分析师行为影响的 OLS 回归结果

变量	SYNCH			RESVAR		
	（1）	（2）	（3）	（4）	（5）	（6）
Media	-0.127*** (-3.36)		-0.217*** (-4.84)	0.167*** (3.65)		0.286*** (4.09)
Analyst		-0.036* (-1.91)	-0.046** (-2.25)		0.072*** (4.10)	0.138** (2.50)
Media × Analyst			0.003** (1.95)			-0.005** (-2.16)

续表

变量	SYNCH			RESVAR		
	(1)	(2)	(3)	(4)	(5)	(6)
Top	-0.170 (-1.10)	-0.162 (-1.00)	-0.186 (-0.94)	-0.195 (-1.50)	-0.200 (-1.56)	-0.208* (-1.75)
SOE	-0.096 (-1.49)	-0.107 (-1.63)	-0.102 (-1.43)	0.267*** (4.26)	0.230*** (3.28)	0.210*** (3.33)
Size	0.050 (1.36)	0.021 (0.56)	0.005 (0.31)	-0.061* (-1.73)	-0.045 (-1.33)	0.047 (1.36)
LEV	-0.367*** (-2.61)	-0.401*** (-3.07)	-0.380** (-2.19)	0.291** (2.50)	0.407*** (3.44)	0.467*** (3.54)
ROE	-0.296 (-1.05)	-0.305 (-0.92)	-0.625* (-1.85)	0.294 (1.23)	0.094 (0.32)	0.322 (0.96)
Volume	-0.015*** (-3.10)	-0.021*** (-4.47)	-0.019*** (-3.54)	0.062*** (14.67)	0.065*** (15.12)	0.073*** (16.37)
ListAge	-0.016 (-0.40)	-0.053 (-1.37)	-0.032 (-0.72)	0.067* (1.86)	0.068* (1.89)	0.097** (2.57)
Intercept	5.268*** (5.38)	5.006*** (4.86)	5.619*** (4.08)	-1.003 (-0.97)	-0.234 (-0.21)	-0.973 (-0.73)
Adj-R^2	0.171	0.158	0.184	0.445	0.417	0.451
N	788	788	788	788	788	788

注：*、**、***分别代表10%、5%、1%的显著性水平，括号中的数字为双尾检验的T值。

第（2）列中，Analyst 的系数为-0.036，在10%的水平显著，即分析师的盈余预测修正次数越多，股价同步性就越低；但该结果的置信程度相对较低，这也与现有分析师研究结果的不一致相符。结果表明，由于分析师的实地调研、与管理层的交流以及对公开信息的专业解读等活动，使其获得相比市场和行业层面信息更多的公司层面信息，因而减小股价同步性波动幅度。回归结果在一定程度上验证了本章的假设7-2b。

第（3）列则进一步考察了媒体报道和分析师行为对股价同步性的交互作用。其中，交乘项 Media × Analyst 的系数为正，且在5%的水平显著。由此说明，媒体报道与分析师行为对股价同步性的影响存在交互作用，且这种作用表现为替代而非补充的关系，即一方的表现越强，则另一方的作用会越弱。原因在于，对媒体和分析师而言，潜在的目标公司信息集是相同的，因而实际获得的信息很可能存在交集或重叠。由于市场对非首次披露的信息反应更弱，因此两者降低股价同步性的作用在一定程度上会相互抵消，即存在此消彼长的关系。实证结果支持本章的假设7-3。

控制变量方面，第（1）、第（2）和第（3）列中各变量的回归系数与显著性水平均基本一致。其中，Lev系数显著为负，表明公司负债水平越高，股价同步性波动幅度越小。Volume系数显著为负，表明股票的流动性越好、交易量越大，更多的特质性信息将更快地融入股票价格中，导致股价有更大的特质性波动，进而减少股价同步性。以上结果与现有研究结果基本一致。其余变量结果的不显著则可能与创业板特征、样本容量以及变量自身的变化程度有关。

2. 控制系统性风险的回归结果

李、罗基戈帕和文卡塔查拉姆（2014）发现，现有信息环境与股价同步性研究结果不统一的原因可能来自系统性风险的影响。市场模型残差项的方差 σ_e^2 通常用于度量特质性风险，因而不受系统性风险的影响。于是借鉴陈和哈米德（2006）的研究，本章选择变量RESVAR（等价于 σ_e^2）作为特质性波动的度量，用以替代SYNCH。RESVAR的定义见表7-1。

表7-3的第（4）、第（5）、第（6）列是采用变量RESVAR替代模型（7.3）和模型（7.4）中的被解释变量SYNCH重新进行回归的结果。与SYNCH相反，变量RESVAR的值越大，代表股价的特质性波动越大，即股价同步性波动水平越低。第（4）列显示，Media系数显著为正，即媒体对公司的报道越多，股价中的信息量也越多，支持假设7-1。第（5）列结果显示，Analyst的系数在1%的水平显著为正，即分析师的盈余预测修正活动将促使股价吸收比市场和行业层面信息相对更多的公司特质信息，从而降低股价同步性。此外，与第（2）列结果相比，Analyst系数的置信程度显然更高，对假设7-2b的支持也更强。第（6）列报告媒体报道和分析师行为的交互作用的结果，由于Media×Analyst系数显著为负，且与Media和Analyst系数的符号相反，因此代表反向的影响，即媒体报道和分析师行为对彼此降低股价同步性的作用产生了负面的抵消

效应。因此，回归结果同样支持假设 7-3。总之，在控制了系统性风险的条件下，研究假设 7-1、假设 7-2b、假设 7-3 均再次得到了验证。

三、内生性的处理

本章采用二阶段回归的方法来克服内生性问题。首先，构建媒体报道和分析师行为决定的线性模型，并进行第一阶段回归（限于篇幅省略回归结果）；其次，将第一阶段中 Media 和 Analyst 的预测值代入模型（7.3）和模型（7.4）中，进行第二阶段回归。借鉴罗进辉（2012）以及陈和哈米德（2006）的研究，分别建立媒体报道的决定模型（7.5）和分析师行为的决定模型（7.6）：

$$Media = \alpha_0 + \alpha_1 \times Size + \alpha_2 \times Lev + \alpha_3 \times ROE + \alpha_4 \times Growth \\ + \alpha_5 \times SOE + \alpha_6 \times ListAge + \alpha_7 \times Tangible \\ + \sum Industry + \sum Year + \varepsilon \quad (7.5)$$

$$Analyst = \gamma_0 + \gamma_1 \times Size + \gamma_2 \times Lev + \gamma_3 \times ROE + \gamma_4 \times Growth \\ + \gamma_5 \times Volume + \gamma_6 \times M/B + \gamma_7 \times Volatility \\ + \sum Industry + \sum Year + \varepsilon \quad (7.6)$$

变量 Growth，Tangible，M/B，Volatility 分别代表公司的成长机会、固定资产比例、市账比、股票收益波动率。其余变量的含义均与前文相同，所有变量的定义均见表 7-1。限于篇幅，表 7-4 只报告了主要变量的回归结果。其中，前 3 列以股价同步性为被解释变量，后 3 列则将股价特质性波动作为被解释变量。结果显示，变量 Media，Analyst 及其交乘项 Media×Analyst 的符号与表 7-3 完全一致，且结果依然十分显著，这就再次证明了前文验证的基本假设。而且，基于李、罗基戈帕和文卡塔查拉姆（2014）的观点，本章的研究结果也是可靠的。

表 7-4　　　　媒体报道和分析师行为影响的 2SLS 回归结果

变量	SYNCH			RESVAR		
	(1)	(2)	(3)	(4)	(5)	(6)
Media	-0.066*** (-4.65)		-0.117*** (-2.84)	0.142*** (5.32)		0.227*** (4.31)
Analyst		-0.022** (-2.27)	-0.031** (-1.97)		0.095*** (5.50)	0.116*** (3.55)
Media × Analyst			0.002** (2.21)			-0.004** (-2.30)
其余变量	略	略	略	略	略	略
Adj-R^2	0.168	0.157	0.181	0.425	0.413	0.428
N	788	788	788	788	788	788

注：*、**、*** 分别代表 10%、5%、1% 的显著性水平，括号中的数字为双尾检验的 T 值。

第五节　本章小结

本章基于媒体和分析师的视角考察了外部信息环境对公司股价同步性的作用，同时对 R^2 的经济含义进行了验证。研究发现：（1）媒体报道与股价同步性负相关。媒体可以通过信息传播、公司治理以及风险承担等途径提高股价的信息含量和特质性波动程度，进而降低股价同步性。（2）分析师行为与股价同步性负相关。与市场和行业信息相比，分析师更多地在挖掘公司层面信息，因而能够提高股价中特质信息的比重，并降低股价同步性。上述两个结论一致证明外部信息环境能够有效减小股价同步性波动幅度，并支持 R^2 的信息观含义。（3）媒体报道与分析师行为对彼此降低股价同步性的作用之间存在一种替代效应。由于双方搜寻和传播的部分信息可能重叠，因此，存在对对方信息的挤占效应。一方信息功能的强化，意味着另一方信息效应的削弱。

本章的研究启示在于：首先，从国家的角度，应进一步引导和推进新闻媒体尤其是财经类媒体发挥行业专长，积极履行舆论监督的职能，提高证券市场的资源配置效率。其次，从证监会和证券业协会的角度，应完善对证券分析师队伍的培养、约束与激励机制，提高分析师的信息处理能力和职业水平。最后，从分析师的角度，若出于降低信息处理成本的目的，应选择追踪媒体热点关注的公司；相反，若希望自身发挥的作用更大，则应考虑对受媒体冷落的公司进行研究。

第八章
结论与展望

第一节 研 究 结 论

本书研究中国证券市场影响股价同步性的因素。文章首先对国内外股价同步性的相关研究进行了文献综述,然后结合相关的理论以及中国的制度背景,采用实证分析的方法,分四个步骤对影响中国证券市场股价同步性的因素进行剖析:第一步研究限制套利的因素对股价波动同步性的影响;第二步探寻产品市场竞争、董事会治理与股价同步性之间的关系;第三步证明知情交易行为是影响股价同步性的重要原因;第四步探索媒体报道和分析师行为对股价同步性的联合影响。本书的主要研究结论如下。

(1) 构造现金股利、交易成本以及投资者成熟度的代理变量对我国股价同步性现象进行考察,实证结果发现:现金股利和交易成本对股价同步性有着显著的正向影响,而投资者成熟度与股价同步性显著负相关,这说明现金股利增加或交易成本增加,都会限制套利交易并且降低市场效率,使得股价同步性波动趋势增大;而机构投资者因为促进了市场的套利活动,增加了股价的信息含量,从而减小股价同步性波动的表现程度。这些结果一致证明,市场对套利的限制越严重,股价同步性波动越大,资本市场的效率也越低。

(2) 以制造业上市公司为研究样本,对我国的产品市场竞争、董事会治理与股价同步性的关系进行实证研究。研究结果表明:有效的产品市场竞争对抑制公司股价同步性具有积极的作用,整体上,董事会治理显著地降低了公司股价同步性。其中,两职兼任的领导结构有助于降低股价同步性;而董事会规模越小,会议次数越多,公司治理就越有效率,股价同步性也越低;独立董事则未能对股价同步性起到显著的治理作用。进一步地,董事会治理在产品竞争越激烈的环境中越能发挥其正面作用,降低股价同步性,即产品市场竞争和董事会治理之间存在一种互补关系。

(3) 采用 EKOP 模型计算信息性交易概率,对我国市场的知情交易行为与股价同步性之间的关系进行实证检验。结果发现:信息性交易概率对股价同步性有着显著的负向影响，PIN 越大，股价同步性波动越小；而且，无论是好消息还是坏消息所对应的信息性交易概率，都与股价同步性显著负相关。进一步地，将信息性交易概率分解为市场信息性交易概率和个股信息性交易概率后，结果显示，个股信息性交易概率越大，股价同步性也越低；相反，市场信息性交易概率越大，股价同步性则越高。

（4）基于我国创业板上市公司的数据，从新闻媒体和证券分析师两类信息中介的视角，考察外部信息环境对公司股价同步性的影响。研究发现，媒体报道和分析师行为均与股价同步性显著负相关，表明随着外部信息环境的改善，更多公司特质信息将融入股票价格中，降低股价同步性。进而，由于搜寻和传播的信息存在重叠，媒体报道与分析师行为之间还存在某种替代效应，即一方活动的加强将挤占或削弱另一方降低股价同步性的积极作用。研究结论支持股价同步性能够度量股价特质信息含量或是资本市场效率的论断。

综上所述，实证检验的结果都支持了本书提出的研究假设，即在中国特殊的制度背景下，以上相关因素都对我国的股价同步性产生了显著的影响；同时，也验证了我国股价同步性的信息论观点。

第二节 研究展望

关于股价同步性形成机制的研究是一个新颖而又富有挑战性的课题。本书以中国的制度环境为立足点，从市场环境、公司治理、信息传导机制等多个视角对我国证券市场股价同步性波动的规律、特点及其影响因素进行了全面的研究。尽管笔者已做了相当的工作，但受限于时间、数据和资料的不足，依然存在很多地方不够完善，一些问题尚未来得及展开研究。本书认为，未来值得研究的方向和问题主要有：

第一，本书的研究对象主要还是股权分置改革之前的中国证券市场，流通股和非流通股并存俨然是当时中国市场的主要特征之一。尽管本书绝大多数的结论理论上并不受股权分置制度的影响，但是相关实证研究的缺陷依然使我们认识到本书的研究还需要进一步夯实。此外，股权分置改革是中国证券市场独有的一次重大事件，是研究制度环境因素的变化对股价同步性影响的绝佳和天然的试验场，从中我们不仅可以探索出导致我国股价同步性波动现象严重的自身特有的原因，对比股改前后股价同步性波动变化的规律及其内在原因，也可以与其他国家进行横向的比较研究。

第二，本书分别从有效市场假说和行为金融学出发研究了股价同步性的成因。行为金融学并不试图完全推翻传统的金融理论，它是在开拓金融学的研究思路和方法，以求完善和修正金融理论，使其更加可信、有效。因此，如何把两方面的研究有机地融合起来是未来需要考虑的问题。特别是，随着行为金融理论的深入发展，对投资者行为模式会有更深入的理解、对投资者情绪会有更精确的刻画，基于心理学的理论去研究投资者情绪，尤其是个体投资者的各种非理性行为对股价同步性的影响也是未来的一个研究方向。

第三，本书主要采用静态分析的方法进行研究，与现有文献一样都较少结合市场的形态和时变的特征动态地去探索中国市场股价同步性波动的形成机理。因此，不同的市场状态下，股价同步性波动有什么样的表现或规律？不同的市场态势下，比如在牛市阶段和熊市阶段，影响股价同步性波动的因素又是否会发生改变？其内在作用的原理是否相同？或采用时间序列分析的方法，分析股价同步性是否存在一定的时序相关性。等等这些问题，都可以进一步展开研究。

第四，制度的设计影响市场的质量。研究表明，中国证券市场不完善的交易制度设置造就了市场参与人基本交易策略的单一化、高昂的信息成本和高于世界平均水平的交易执行成本，由此内生地导致偏高的换手率、交易者信息集的噪声化以及由频繁的交易噪声带来的高波动性。本书虽然讨论了交易成本对我国股价同步性的影响，但这依然是很初步的，继续从微观金融的层面，深入地分析市场各方面制度的设计对股价同步性所产生的影响，也将是未来研究的方向之一。

第五，中国证券市场具有典型的"政策市"的特征，政府既是证券市场的管理者，也是市场规则的制定者，计划经济体制下行政干预的管理方式在当前的中国证券市场上依旧十分明显。由于政府对市场的干预和管制过多，监管又带有一定的随意性，从而导致市场机制的经常性失灵，常常一个政策出台，结果发现市场几乎所有的股票出现同时的过度上涨或下跌，股价同步性波动的现象尤为明显和严重。那么,政府的行为对我国股价同步性究竟造成了多大的影响?其内在的传导机制又是怎样的?未来值得深入研究。

第六,研究表明,中国证券市场内幕交易行为盛行,其严重程度远远超过成熟市场。内幕交易不仅加剧了交易过程中的信息不对称程度,损害了一般投资者的利益,更扰乱了市场的正常运行,导致股价的异常波动。此外,除机构投资者、财务分析师等知情人的行为外,内幕交易也是一种知情人交易,因此,这种交易行为又会对股价同步性产生什么样的影响?随着时间的推移,在数据的可得性得以改善后,也许就可以开展相关的研究。

第七,定价模型和方法的选择对股价同步性的影响。一般地,定价模型较少考虑股票的特质性风险,因为特质性风险可以通过投资组合多元化的方法进行分散。但是实际上,特质性风险可能并没有被投资者有效地分散,因为投资者只是持有少数的股票,从而需要忍受特质性的风险。假如市场采用的定价模型是错误的,忽略了股票的这部分特质性风险,而更多地以市场系统性风险进行替代,那么就会引起股票价格的同步性波动。因此,定价模型对股价同步性的影响也是可以继续研究的问题。

参考文献

[1] 曹新伟、洪剑峭、贾琬娇：《分析师实地调研与资本市场信息效率——基于股价同步性的研究》，载于《经济管理》2015 年第 8 期。

[2] 宋常、黄蕾、钟震：《产品市场竞争、董事会结构与公司绩效——基于中国上市公司的实证分析》，载于《审计研究》2008 年第 5 期。

[3] 陈冬华、姚振晔：《政府行为必然会提高股价同步性吗？——基于我国产业政策的实证研究》，载于《经济研究》2018 年第 12 期。

[4] 陈信元、陈冬华、时旭：《公司治理与现金股利：基于佛山照明的案例研究》，载于《管理世界》2003 年第 8 期。

[5] 冯旭南、李心愉：《中国证券分析师能反映公司特质信息吗？——基于股价波动同步性和分析师跟进的证据》，载于《经济科学》2011 年第 4 期。

[6] 高增亮、张俊瑞、胡明生：《审计师行业专长对股价同步性的影响研究》，载于《财经论丛》2019 年第 7 期。

[7] 顾小龙、辛宇、滕飞：《违规监管具有治理效应吗——兼论股价同步性指标的两重性》，载于《南开管理评论》2016 年第 5 期。

[8] 官峰、王俊杰、章贵桥：《政商关系、分析师预测与股价同步性——基于腐败官员落马的准自然实验》，载于《财经研究》2018 年第 7 期。

[9] 韩立岩、郑君彦、李东辉：《沪市知情交易概率（PIN）特征与风险定价能力》，载于《中国管理科学》2008 年第 1 期。

[10] 何贤杰、王孝钰、孙淑伟、朱红军：《网络新媒体信息披露的经济后果研究——基于股价同步性的视角》，载于《管理科学学报》2018 年第 6 期。

[11] 侯宇、叶冬艳：《机构投资者、知情人交易和市场效率——来自中国资本市场的实证证据》，载于《金融研究》2008 年第 4 期。

[12] 胡军、王甄：《微博、特质性信息披露与股价同步性》，载于《金融研究》2015 年第 11 期。

［13］胡一帆、宋敏、张俊喜：《竞争、产权、公司治理三大理论的相对重要性及交互关系》，载于《经济研究》2005年第9期。

［14］黄灿、李善民、庄明明、黄志宏：《内幕交易与股价同步性》，载于《管理科学》2017年第6期。

［15］黄娟娟、沈艺峰：《上市公司的股利政策究竟迎合了谁的需要——来自中国上市公司的经验数据》，载于《会计研究》2007年第8期。

［16］黄俊、郭照蕊：《新闻媒体报道与资本市场定价效率——基于股价同步性的分析》，载于《管理世界》2014年第5期。

［17］金智：《新会计准则、会计信息质量与股价同步性》，载于《会计研究》2010年第7期。

［18］孔东民、柯瑞豪：《谁驱动了中国股市的PEAD？》，载于《金融研究》2007年第10期。

［19］孔东民：《有限套利与盈余公告后价格漂移》，载于《中国管理科学》2008年第6期。

［20］李丹、王丹：《供应链客户信息对公司信息环境的影响研究——基于股价同步性的分析》，载于《金融研究》2016年第12期。

［21］李留闯、田高良、马勇、李彬：《连锁董事和股价同步性波动：基于网络视角的考察》，载于《管理科学》2012年第6期。

［22］李培功、沈艺峰：《媒体的公司治理作用：中国的经验证据》，载于《经济研究》2010年第4期。

［23］李朋、刘善存：《信息性交易概率分解与买卖价差研究》，载于《南方经济》2006年第2期。

［24］李增泉：《所有权结构与股票价格的同步性——来自中国股票市场的证据》，载于《中国会计与财务研究》2005年第3期。

［25］刘峰、贺建刚：《股权结构与大股东利益实现方式的选择——中国资本市场利益输送的初步研究》，载于《中国会计评论》2004年第1期。

［26］刘海飞、许金涛、柏巍、李心丹：《社交网络、投资者关注与股价同步性》，载于《管理科学学报》2017年第2期。

［27］刘继红：《审计师高管的关联关系与股价同步性》，载于《会计与经济研究》2019年第2期。

［28］罗进辉：《媒体报道的公司治理作用——双重代理成本视角》，载于《金融研究》2012 年第 10 期。

［29］罗进辉、向元高、金思静：《董事会秘书能够提高资本市场效率吗——基于股价同步性的经验证据》，载于《山西财经大学学报》2015 年第 12 期。

［30］罗琦、付世俊：《股价同步性与控股股东市场择时》，载于《中南财经政法大学学报》2015 年第 1 期。

［31］马曙光、黄志忠、薛云奎：《股权分置、资金侵占与上市公司现金股利政策》，载于《会计研究》2005 年第 9 期。

［32］饶育蕾、许军林、梅立兴、刘敏：《QFII 持股对我国股市股价同步性的影响研究》，载于《管理工程学报》2013 年第 2 期。

［33］沈艺峰、张俊生：《ST 公司总经理离职情况的实证研究》，载于《证券市场导报》2001 年第 9 期。

［34］施东晖：《转轨经济中的所有权与竞争：来自中国上市公司的经验证据》，载于《经济研究》2003 年第 8 期。

［35］史永：《信息披露质量、审计师选择与股价同步性》，载于《中南财经政法大学学报》2013 年第 6 期。

［36］史永、张龙平：《XBRL 财务报告实施效果研究——基于股价同步性的视角》，载于《会计研究》2014 年第 3 期。

［37］谭伟强：《机构投资者利用 PEAD 了吗》，载于《金融学季刊》2007 年第 2 期。

［38］谭云清、朱荣林、韩忠雪：《产品市场竞争、经理报酬与公司绩效：来自中国上市公司的证据》，载于《管理评论》2008 年第 2 期。

［39］唐松、胡威、孙铮：《政治关系、制度环境与股票价格的信息含量——来自我国民营上市公司股价同步性的经验证据》，载于《金融研究》2011 年第 7 期。

［40］唐跃军、谢仍明：《股份流动性、股权制衡机制与现金股利的隧道效应——来自 1999—2003 年中国上市公司的证据》，载于《中国工业经济》2006 年第 2 期。

［41］王凤华、张晓明：《我国上市公司会计信息透明度对股价同步性影响

的实证研究》，载于《中国软科学》2009 年第 S1 期。

[42] 王立章、王咏梅、王志诚：《控制权、现金流权与股价同步性》，载于《金融研究》2016 年第 5 期。

[43] 王木之、李丹：《新审计报告和股价同步性》，载于《会计研究》2019 年第 1 期。

[44] 王亚平、刘慧龙、吴联生：《信息透明度、机构投资者与股价同步性》，载于《金融研究》2009 年第 12 期。

[45] 王艳艳、于李胜：《国有银行贷款与股价同步性》，载于《会计研究》2013 年第 7 期。

[46] 危平、曾高峰：《环境信息披露、分析师关注与股价同步性——基于强环境敏感型行业的分析》，载于《上海财经大学学报》2018 年第 2 期。

[47] 肖浩、夏新平：《产品市场竞争、董事会治理与股价同步性——基于中国制造业上市公司的实证研究》，载于《贵州财经学院学报》2011 年第 1 期。

[48] 肖浩、夏新平：《有限套利与股价同步性的实证研究》，载于《武汉理工大学学报》（信息与管理工程版）2011 年第 4 期。

[49] 肖浩、夏新平、邹斌：《信息性交易概率与股价同步性》，载于《管理科学》2011 年第 4 期。

[50] 肖浩、詹雷：《新闻媒体报道、分析师行为与股价同步性》，载于《厦门大学学报》（哲学社会科学版）2016 年第 4 期。

[51] 肖珉：《自由现金流量、利益输送与现金股利》，载于《经济科学》2005 年第 2 期。

[52] 肖奇、屈文洲：《投资者关注、资产定价与股价同步性研究综述》，载于《外国经济与管理》2017 年第 11 期。

[53] 许敏、刘善存：《交易者市场到达率及影响因素研究》，载于《管理科学学报》2010 年第 1 期。

[54] 许文彬、刘猛：《我国上市公司股权结构对现金股利政策的影响——基于股权分置改革前后的实证研究》，载于《中国工业经济》2009 年第 12 期。

[55] 杨之曙、姚松瑶：《沪市买卖价差和信息性交易实证研究》，载于《金融研究》2004 年第 4 期。

[56] 姚圣、梁昊天：《地理位置、环境信息披露与股价同步性——基于政

策变动的研究视角》，载于《财经论丛》2016年第3期。

［57］伊志宏、李颖、江轩宇：《女性分析师关注与股价同步性》，载于《金融研究》2015年第11期。

［58］伊志宏、杨圣之、陈钦源：《分析师能降低股价同步性吗——基于研究报告文本分析的实证研究》，载于《中国工业经济》2019年第1期。

［59］游家兴：《R^2的复活——股价同步性研究评述与展望》，载于《管理科学学报》2017年第3期。

［60］游家兴、张俊生、江伟：《制度建设、公司特质信息与股价波动的同步性——基于$R2$研究的视角》，载于《经济学（季刊）》2006年第1期。

［61］于东智、谷立日：《公司的领导权结构与经营绩效》，载于《中国工业经济》2002年第2期。

［62］俞乔、程滢：《我国公司红利政策与股市波动》，载于《经济研究》2001年第4期。

［63］袁知柱、鞠晓峰：《基于面板数据模型的股价波动非同步性方法测度股价信息含量的有效性检验》，载于《中国软科学》2009年第3期。

［64］原红旗：《中国上市公司股利政策分析》，载于《财经研究》2001年第3期。

［65］宋增基、李春红、卢溢洪：《董事会治理、产品市场竞争与公司绩效：理论分析与实证研究》，载于《管理评论》2009年第9期。

［66］张斌、王跃堂：《业务复杂度、独立董事行业专长与股价同步性》，载于《会计研究》2014年第7期。

［67］张军、刘波、沈华玉：《股价同步性与股价崩盘风险——基于信息不对称和公司治理视角》，载于《财经科学》2019年第4期。

［68］周冬华、魏灵慧：《媒体报道、环境不确定性与股价同步性》，载于《财务研究》2017年第3期。

［69］周林洁：《公司治理、机构持股与股价同步性》，载于《金融研究》2014年第8期。

［70］周铭山、林靖、许年行：《分析师跟踪与股价同步性——基于过度反应视角的证据》，载于《管理科学学报》2016年第6期。

［71］朱红军、何贤杰、陶林：《中国的证券分析师能够提高资本市场的效

率吗——基于股价同步性和股价信息含量的经验证据》，载于《金融研究》2007年第 2 期。

[72] Aghion P., M. Dewatripont, P. Rey. Competition, Financial Discipline and Growth. *The Review of Economic Studies*, 1999, 66 (4): 825 – 852.

[73] Ali A., L. Hwang and M. A. Trombley. Arbitrage Risk and the Book-to-market Anomaly. *Journal of Financial Economics*, 2003, 69 (2): 355 – 373.

[74] Alves P., Peasnell K., Taylor P.. The Use of the R^2 as a Measure of Firm – Specific Information: A Cross – Country Critique. *Journal of Business Finance and Accounting*, 2010, 37: 1 – 26.

[75] Anderson R., S. Mansi, D. Reeb. Board Characteristics, Accounting Report Integrity, and the Cost of Debt. *Journal of Accounting and Economics*, 2004, 37 (3): 315 – 342.

[76] Angelucci M., S. Estrin, J. Konings, Z. Zolkiewski. *The Effect of Ownership and Competitive Pressure on Firm Performance in Transition Countries: Micro Evidence from Bulgaria, Romania and Poland.* William Davidson Institute. Working Paper, 2002.

[77] Ashbaugh – Skaife H., Gassen J., LaFond R.. *Does Stock Price Synchronicity Reflect Information or Noise? The International Evidence.* Madison: University of Wisconsin – Madison, 2005.

[78] Bae K., Baile W., Mao C.. Stock Market Liberalization and the Information Environment. *Journal of International Money and Finance*, 2006, 25: 404 – 428.

[79] Barberis N., A. Shleifer and J. Wurgler. Comovement. *Journal of Financial Economics*, 2005, 75: 283 – 317.

[80] Bartov E., S. Radhakrishnan and I. Krinsky. Investor Sophistication and Patterns in Stock Returns after Earnings Announcements. *The Accounting Review*, 2000, 75 (1): 43 – 63.

[81] Bartram S. M., G. Brown, R. M. Stulz. Why Are U. S. Stocks More Volatile? *The Journal of Finance*, 67 (4): 1329 – 1370.

[82] Bhushan R. An Informational Efficiency Perspective on the Post-earnings Announcement Drift. *Journal of Accounting and Economics*, 1994, 18 (1): 45 – 65.

［83］Brockman P., Liebenberg I., Schutte M.. Comovement, Information Production, and the Business Cycle. *Journal of Financial Economics*, 2010, 97 (1): 107 – 129.

［84］Brockman P., Yan X.. Block Ownership and Firm-specific Information. *Journal of Banking and Finance*, 2009, 33 (2): 308 – 316.

［85］Byrd J., K. Hickman. Do Outside Directors Monitor Managers?: Evidence from Tender Offer Bids. *Journal of Financial Economics*, 1992, 32 (2): 195 – 221.

［86］Chan K., A. Hameed and W. Kang. Stock Price Synchronicity and Liquidity. *Journal of Financial Markets*, 2013, 16 (3): 414 – 438.

［87］Chan K., Hameed A.. Stock Price Synchronicity and Analyst Coverage in Emerging Markets. *Journal of Financial Economics*, 2006, 80 (1): 115 – 147.

［88］Chen Q., Goldstein I., Jiang W.. Price Informativeness and Investment Sensitivity to Stock Price. *Review of Financial Studies*, 2007, 20 (3): 619 – 650.

［89］Collins D. W., G. Gong and P. Hribar. Investor Sophistication and the Mispricing of Accruals. *Review of Accounting Studies*, 2003, 8 (2): 251 – 276.

［90］Conger J., D. Finegold. Appraising Boardroom Performance. *Harvard Business Review*, 1998, 76 (1): 136 – 148.

［91］Crawford S. S., D. T. Roulstone, E. C.. Analyst Initiations of Coverage and Stock Return Synchronicity. *The Accounting Review*, 2012, 87 (5): 1527 – 1553.

［92］Dasgupta S., Gan J., Gao N.. Transparency, Price Informativeness, and Stock Return Synchronicity: Theory and Evidence. *Journal of Financial and Quantitative Analysis*, 2010, 45 (5): 1189 – 1220.

［93］De Long J. B., A. Shleifer, L. Summers, R. Waldmann. Noise Trader Risk in Financial Markets. *Journal of Political Economy*, 1990, 98 (4): 703.

［94］Ding D. K., McInish T. H., Wongchoti U.. Behavioral Explanations of Trading Volume and Short-horizon Price Patterns: An Investigation of Seven Asia – Pacific Markets. *Pacific – Basin Finance Journal*, 2008, 16 (3): 183 – 203.

［95］Durnev A., Morck R., Yeung B., Zarowin P.. Does Greater Firm-specific Return Variation Mean More or Less Informed Stock Pricing? *Journal of Accounting*

Research, 2003, 41 (5): 797 - 836.

[96] Durnev A., R. Morck and B. Yeung. Value - Enhancing Capital Budgeting and Firm-specific Stock Return Variation. *The Journal of Finance*, 2004, 59: 65 - 105.

[97] Easley D., Hvidkjaer S., O'Hara M.. Is Information Risk a Determinant of Asset Returns? *The Journal of Finance*, 2002, 57 (5): 2185 - 2221.

[98] Easley D., Kiefer N., O'Hara M., Paperman J.. Liquidity, Information, and Infrequently Traded Stocks. *The Journal of Finance*, 1996, 51 (4): 1405 - 1436.

[99] Fama E., M. Jensen. Separation of Ownership and Control. *Journal of Law and Economics*, 1983, 26 (2): 301 - 325.

[100] Fernandes N., M. A. Ferreira. Does International Cross-listing Improve the Information Environment. *Journal of Financial Economics*, 2008, 88 (2): 216 - 244.

[101] Gaspar J., M. Massa. Idiosyncratic Volatility and Product Market Competition. *The Journal of Business*, 2006, 79 (6): 3125 - 3152.

[102] Grosfeld I., T. Tressel. *Competition and Corporate Governance: Substitutes or Complements? Evidence from Warsaw Stock Exchange*. Center for International Development at Harvard University. Working Paper, 2001.

[103] Gul F., Kim J., Qiu A.. Ownership Concentration, Foreign Shareholding, Audit Quality, and Stock Price Synchronicity: Evidence from China. *Journal of Financial Economics*, 2010, 95 (3): 425 - 442.

[104] Holmstrom B., P. Milgrom. The Firm as an Incentive System. *The American Economic Review*, 1994, 84 (4): 972 - 991.

[105] Hutton A. P., Marcus A. J., Tehranian H.. Opaque Financial Reports, R2, and Crash Risk. *Journal of Financial Economics*, 2009, 94 (1): 67 - 86.

[106] Irvine P., J. Pontiff. Idiosyncratic Return Volatility, Cash Flows, and Product Market Competition. *Review of Financial Studies*, 2009, 22 (3): 1149 - 1177.

[107] Januszewski S., J. Koke, J. Winter. Product Market Competition, Corporate Governance and Firm Performance: An Empirical Analysis for Germany. *Research*

in Economics, 2002, 56 (3): 299–332.

[108] Jensen M. C.. The Modern Industrial Revolution, Exit, and the Failure of Internal Control Systems. *The Journal of Finance*, 1993, 48 (3): 831–880.

[109] Jin L., Myers S.. R2 Around the World: New Theory and New Tests. *Journal of Financial Economics*, 2006, 79 (2): 257–292.

[110] Judge W., A. Miller. Antecedents and Outcomes of Decision Speed in Different Environmental Contexts. *The Academy of Management Journal*, 1991, 34 (2): 449–463.

[111] Ke B. and S. Ramalingegowda. Do Institutional Investors Exploit the Post-earnings Announcement Drift? *Journal of Accounting and Economics*, 2005, 39 (1): 25–53.

[112] Kelly P.. *Information Efficiency and Firm-specific Return Variation*. Tempe: Arizona State University, 2005.

[113] Khanna T., Thomas C.. Synchronicity and Firm Interlocks in an Emerging Market. *Journal of Financial Economics*, 2009, 92 (2): 182–204.

[114] Kumar A., Lee C.. Retail Investor Sentiment and Return Comovements. *The Journal of Finance*, 2006, 61 (5): 2451–2486.

[115] Li B., S. Rajgopal, M. Venkatachalam. R2 and Idiosyncratic Risk Are Not Interchangeable. *The Accounting Review*, 2014, 89 (6): 2261–2295.

[116] Li K. R., Morck R., Yang F., et al. Firm-specific Variation and Openness in Emerging Markets. *Review of Economics and Statistics*, 2004, 86: 658–669.

[117] Lipton M., J. Lorsch. A Modest Proposal for Improved Corporate Governance. *Business Lawyer*, 1992, 48 (1): 59–77.

[118] Mendenhall R. R.. Arbitrage Risk and Post–Earnings–Announcement Drift. *The Journal of Business*, 2004, 77 (4): 875–894.

[119] Miller G. S.. The Press as a Watchdog for Accounting Fraud. *Journal of Accounting Research*, 2006, 44 (5): 1001–1033.

[120] Mitchell M., T. Pulvino and E. Stafford. Limited Arbitrage in Equity Markets. *The Journal of Finance*, 2002, 57 (2): 551–584.

[121] Morck R., Yeung B., Yu W.. The Information Content of Stock Mar-

kets: Why do Emerging Markets have Synchronous Stock Price Movements? *Journal of Financial Economics*, 2000, 58 (1 - 2): 215 - 260.

[122] Nickell S.. Competition and Corporate Performance. *The Journal of Political Economy*, 1996, 104 (4): 724 - 746.

[123] Nickell, S., D. Nicolitsas, N. Dryden. What Makes Firms Perform Well? *European Economic Review*, 1997, 41 (3 - 5): 783 - 796.

[124] Piotroski J., Roulstone D.. The Influence of Analysts, Institutional Investors, and Insiders on the Incorporation of Market, Industry, and Firm-specific Information into Stock Prices. *The Accounting Review*, 2004, 79 (4): 1119 - 1151.

[125] Pontiff J.. Costly Arbitrage and the Myth of Idiosyncratic Risk. *Journal of Accounting and Economics*, 2006, 42 (1 - 2): 35 - 52.

[126] Pontiff J.. Costly Arbitrage: Evidence from Closed - End Funds. *The Quarterly Journal of Economics*, 1996, 111 (4): 1135 - 1151.

[127] Raith M.. Competition, Risk, and Managerial Incentives. *The American Economic Review*, 2003, 93 (4): 1425 - 1436.

[128] Rajgopal S., M. Venkatachalam. Financial Reporting Quality and Idiosyncratic Return Volatility. *Journal of Accounting and Economics*, 2011, 51 (1 - 2): 1 - 20.

[129] Rajgopal S., Venkatachalam M.. *Financial Reporting Quality and Idiosyncratic Return Volatility over the Last Four Decades*. Seattle: University of Washington, 2006.

[130] Roll R.. R^2. *The Journal of Finance*, 1988, 43: 541 - 566.

[131] Shleifer A. and R. W. Vishny. The Limits of Arbitrage. *The Journal of Finance*, 1997, 52 (1): 35 - 55.

[132] Sing T. F., Cheng H., Lim K. G.. *Industry Integration and Stock Price Synchronicity*. https://papers.ssrn.com/sol3/papers.cfm?abstract_id = 2425042, SSRN, 2015.

[133] Tay A., Ting C., Tse Y., Warachka M.. Using High-frequency Transaction Data to Estimate the Probability of Informed Trading. *Journal of Financial Econometrics*, 2009, 7 (3): 288 - 311.

[134] Teoh S., Yang Y., Zhang Y.. *R – square*: *Noise or Firm-specific Information*. Irvine: University of California, 2007.

[135] Tuckman B. and J. Vila. Arbitrage with Holding Costs: A Utility – Based Approach. *The Journal of Finance*, 1992, 47 (4): 1283 – 1302.

[136] Vafeas N.. Board Meeting Frequency and Firm Performance. *Journal of Financial Economics*, 1999, 53 (1): 113 – 142.

[137] Weisbach M.. Outside Directors and CEO Turnover. *Journal of Financial Economics*, 1988, 20: 431 – 460.

[138] West K.. Dividend Innovations and Stock Price Volatility. *Econometrica*, 1988, 56 (1): 37 – 61.

[139] Wurgler J.. Financial Markets and the Allocation of Capital. *Journal of Financial Economics*, 2000, 58: 187 – 214.

[140] Yermack D.. Higher Market Valuation of Companies with a Small Board of Directors. *Journal of Financial Economics*, 1996, 40 (2): 185 – 211.